”ものづくり“の知恵と文化

職人と匠《たくみ》

金子量重――アジア民族造形文化研究所所長／アジア民族造形学会会長／アジア職人文化専門家会議議長

丹野　稔――江戸職人国際交流協会理事長／日本ホームインプルーブメント研究所所長

竹林征三――財団法人土木研究センター・風土工学研究所所長／工学博士／日本感性工学会参与・風土工学研究部会会長

●日時＝平成十一年二月六日　●場所＝アジア民族造形文化研究所

技報堂出版

序　文

国連教育科学文化機構（ＵＮＥＳＣＯ）に登録された「世界遺産」は、地球上の人々に愛され親しまれている。これには遺跡や建造物から美しい自然の景観にいたる、民族の誇りを象徴するにふさわしいもので満ちている。個々の遺産に接すると、腕を磨いた職人たちが心を込めてつくり、土地を愛する人々によってまもられ育まれてきた歴史の重みを感じる。最古の木造建築の法隆寺をはじめ、昨年指定の日光東照宮にいたる優れた仕事を完成させた「匠」こそ、深い尊敬と信頼の証ともなっている。

優れた〝もの〟を生み出す匠の技とは、まず自然の恵みである多様な資源の中から、造形活動にふさわしい素材選びをすることからはじまる。それも資源を枯渇させないように心がけることである。それには、厳しい親方のもとでの長年の修業が大前提となる。どんな仕事にも道具が必要だが、自分の体にあった寸法や、素材や造形する目的にあったものをつくれることも肝要である。このような資質は弛まぬ努力の積み重ねがあって身につくもので、安易な訓練や思考からは生まれない。そのことは代々受け継いできた父祖の仕事が証明してくれる。彼らは宮殿や城郭やそこに広がる街や道路をつくる「都市の匠」をはじめ、染織や衣服や装身具などをつくる「衣の匠」、飯や酒や菓子から飲食の器をつくる「食の匠」、家や蔵や家具や戸障子から庭をつくる「住まいの匠」、社寺から荘厳具、経典、神輿や山車などをつくる「信仰の匠」、紙、筆、墨、硯などの文房四宝から書籍、地図、暦などをつくる「学びの匠」、楽器や仮面や舞台背景や道具類をつくる「芸能の匠」、子どもの情操を高める人形や玩具をつくる「遊びの匠」、農業、漁業、狩猟、牧畜などの産業用具をつくる「生産の匠」、と広い領域の〝もの〟づくりをなし遂げた職人のお陰で、私たちは豊かな生活を享受することができた。本来〝もの〟の奥には鍛えぬいた職人の技と心と、創造へのたくましい情熱がみなぎっている。〝もの〟とは単なる物質ではなく、常につくり手と使い手の魂の交流によって支えられてきた。だからこそ心休まる家や美しい街並みや道具が生まれたのである。心ない製品は公害商品と化して心身を蝕む。まさに

〝もの〟は、人の暮らしの真実を物語る文化の根源であり、地域社会や産業盛衰の経緯や、自然との関わりを探究する重要な柱ともなる。〝もの〟づくりは人類の歴史とともにはじまり、誰もが土器や石器や竪穴住居をつくれた新石器時代を経て、古代国家の成立とともに、専門の職業として多くの仕事が独立分化すると、つくり手は「匠」、「手人」、あるいは「職人」と呼ばれて、その製品の確かさゆえに高い評価を受けるようになった。日本でも、古代の潅漑用水の掘削にはじまり、高塚墳墓や寺院や宮殿の造営から、江戸期の家具や衣服や子どもの人形や玩具にいたるまで、日本民族の感覚や生活様式にあった形や色や線や模様を定着させてきた。このことは、すべての民族にも共通する造形活動の基本であり、特色である。

日本人の生活文化の基盤をなすアジアにも、多様多元な歴史や伝統文化が息づいている。これを解明しようと三五年以上にわたりアジアで民族文化の調査を続けてきた。日本に大きな裨益を与えたアジアについて、自分がいかに無知であったかを悟らされた。四季のある地域、熱帯雨林の島、大河のほとり、ヒマラヤのような山岳地帯、乾燥の砂漠化地帯などの環境に適応しながら、生活の基盤を築いた父祖の英知に感動する。これだけでも同一視することは無理である。なにより西欧の「近代国家」や「国民国家」の概念にはあててはまらない点も思い知らされた。自然環境の異なる地域だけに、独特の素材を用いての〝もの〟づくりが発達してきた。ここでも日本とは違う独自の技法を駆使する職人が健在だった。それらを熟視すると、「地域性」、「民族性」、「時代性」が秘められていることがわかり、これを〝もの〟への三大要素として定義することにした。なかでもとくに強く現れるのが「民族の造形感覚」であることも確認できたので、これらアジアの〝もの〟に対する専門用語として、新たに『民族造形』を興すことにした。その専門機関としてアジア民族造形文化研究所を設立し、さらにアジアを分母に職人はじめ、研究者、文化財関係者、学芸員ら多領域にわたる異業種の専門家を動員して『アジア民族造形学会』を設立し、精力的に活動しているところである。

日本における職人の道統は、明治の西欧文明導入以降も造船所や工場に受け継がれて、腕の良い職工が次々と育ったがゆえに、世界に冠たる製品群を世に送り出すようになった。だが、急激に近代化が進むなかで貴重な伝統の造形活動を軽視し、次世代への継承が疎かになりつつある。そこには長年にわたって欧米の価値観一辺倒に陥り、国際化という美名のもと〝グローバリゼーション〟の風潮に翻弄されている点にも原因はあろう。地球上には60億人もの人間が生活し、多様多元な民族や異質な生活文化が息づいている。それをひとつの価値観のもとに閉じ込めようとしたことにより大きな矛盾が露呈しだした。その矛盾を解消せずに強引に押し通すことへの反発が、世界中の紛争の根にあることは明らかである。

平和な世界を築くには、政治や経済だけでなく、日本を含むアジア全域に共通する民族の生活信条を重んじ、伝統文化を相互に理解しあうことこそ重要である。難民救済に努力されている国連難民高等弁務官の緒方貞子女史も、正月の新聞紙上で「民族の伝統や文化の理解の重要性」を述べておられる。二一世紀の国際関係は覇権を競ったり、経済的な優劣ではなく、それぞれの自然環境をまもりながら『伝統文化』と『近代化文明』の調和を図る努力こそ、新しい時代を築く人の道だと考える。今回の鼎談は、以上のことを踏まえて竹林征三氏の提案ではじめたものである。「風土工学」（竹林）、「江戸の職人文化」（丹野）、「アジアの民族造形」（金子）に専心する3人が意気投合し、信念をもって歩んできた経験に基づいて自由に語り合った。一見して、三人それぞれ適当なことを言っているようにみえる。しかし、竹林征三氏のつくった骨組に沿えば、ひとつの筋の通った主張ある読み物となった。多様多岐錯綜したものを系統立てるシナリオは職人と匠がつくった浮世風呂だ。そういうことで、本書はいわば「現代浮世風呂談議」といった思いで読んでいただければ幸いである。本書の刊行にあたり、各章にすてきな民族造形のカットの挿絵を描いていただき本書に花を添えていただいた川澄美和子さんの職人の技に感謝申し上げるとともに、終始面倒な仕事を進めて完成させてくださった技報堂出版の小巻慎編集部長に感謝の意を表する。

平成一二年二月

鼎談者を代表して　金子　量重

もくじ

プロローグ——高度経済成長の忘れもの

豊かさとは

竹林　主題の「職人〝ものづくり〟の知恵と文化」を語っていただくにあたり、まず「高度経済成長の忘れもの」ということを切り口にお話を伺いたいと思います。

現在、いちばんの問題は、どうもいまの日本人は豊かさということがよくわかっていないんじゃないかということです。経済企画庁が毎年「豊かさ指数」を算出し、公表している。一四四種類の経済社会統計をもとに、都道府県別の水準を全国平均を五〇として、地域社会の生活実態や特色を把握し、国民生活の質的向上を目指して、「住む」「費やす」「働く」「育てる」「いやす」「遊ぶ」「学ぶ」「交わる」という分野別にランキングしている。主観的要素の強い豊かさを、客観的な統計数字のみで算出できるとしている。だが、これは「豊かさ」についての根本的な考え、認識が間違っていると思います。豊かさについての誤解があるんじゃないかと、私は思うわけです。そこで、まず豊かさについて金子先生、考えておられることを……。

金子　私たちの年齢ですと、戦争中の苦労も知っていますし、戦後の食べ物が全くなかった厳しい生活も経験しています。近代化を目指して高度経済成長に伴って、手でやっていたもののほとんどが、急激に変化して電化製品に変わっていった。「何番をお願いします」と申し込んでいた電話は、プッシュボタンで世界中に直通です。そのうえ、テレビやコンピューターにEメールと、確かに便利になり、豊かにもなりました。

「便利さ」を「合理的」と同義語と鵜呑みにしているけれども、何だか機械に人がふりまわされている感じですね。新しいものが入るたびに古き良き民族固有の生活文化を捨ててしまうのが、本当の豊かさなのか。

国連統計では最貧国のひとつといわれるネパールに私はしばしば行きますが、

家は煉瓦造りの三階建てで、われわれの家よりも大きい。狭い路地の両側にぎっしり建ち並んで、まさに裏長屋という感じ。だけど、そこを歩いておりますと、娘さんたちは表に糸車を出して羊の毛で糸を紡《つむ》いでいます。お爺さんたちは藁《わら》で莫蓙《ござ》を編んでいました。お婆ちゃんは、上は肌脱ぎになって背中に菜種油を塗って太陽光線にあてる。これが長寿の秘訣なんでしょうね。井戸端では洗濯している小母さんたちが世間話に花を咲かせ、子供はたちの瞳は澄んでのびのびとしており、犬や豚やアヒルと一緒に飛び跳ねている。もちろん、受験戦争なんてものもありません。

この光景を見たときに、あ、私の子供の頃と同じだと思って懐かしくなりました。この村はすべてが自給自足で賄えて、なんともなごやさに満ちていて、村人が一つの家族みたいで、思わず微笑《ほほえ》んでしまう。アジアの国々を通覧しますと、だいたいそういうところが多く、これこそ人間の幸せな暮らしだなと感じました。

では、ネパールの人たちは豊かでないんだろうか。あの人たちにとっていちばんの豊かさは、地域社会における「心の安らぎ」なんですよ。〝物〟や〝金〟だけを至上とする見栄やおごりの豊かさよりも、欲をかきさえしなければ、心豊かに暮らせることなんですね。

竹林　いま、物の豊かさよりも心の豊かさが大事であるというお話があったのですが、職人の国際交流を積極的に展開されておられる丹野先生、豊かさについて、どのようにお考えでしょうか。

丹野　いま、金子先生が言われたとおりだと思います。二〇世紀後半における急激な資本主義の進展に問題があったと思うんですね。イギリスから始まった産業革命は、手づくりから機械化への転換ととらえることができると思いますが、その機械化は大量生産、大量販売、大量消費社会を生み、その典型が、二〇世紀後半における経済優先のアメリカです。その根源にあるのは何かというと、モノ・カ

鼎談風景（左から、金子、丹野、竹林）

ネ、モノ・カネの物差しですべてを測るということです。そこでは、ともすると人間の心が無くなってしまう。人間はどうでもよくて、極端に言えば、首を切っても生産性さえ上がればいいということになってしまう。このモノ・カネという物差しで測るようになったということが、二〇世紀後半における人類の最大の欠陥だったと思うんです。

人類の文化・文明の原点にあるものは何かというと、人は生きていくために狩猟をし、畑に種を蒔《ま》いて食べ物をつくる。そして、それに使う道具、器をつくる。そういう生活と密着したところにあると思うんです。そうしたものづくりの過程で何か新しいデザインとか形が生まれてくるわけで、だから、何か新しいもののようにモダンアートですばらしいものが言われますが、人間が昔から手づくりでやってきたことに対する反省もなく、原点からかけ離れたものは意味がないと思うんです。

特に日本の現状を見たときに、金子先生も言われるように、明治以降、古いものは悪いものだという形で向こう側に追いやってしまって、日本の文化じゃなくて欧米の文化に学べということを一辺倒で今日まで引きずってきた。その結果が、心の問題をなくして、すべてモノ・カネ、モノ・カネになってしまったのだと思います。したがって、人間が豊かに生きていく環境じゃなくて、気がついてみたら、そこらじゅうゴルフ場になっていたり、環境汚染源になっていたり、ダイオキシンが発生したりする場になってしまった。いわゆる企業社会というのは本当の意味での人間を考えていない。私は、この心というものを欠落させてしまったことが、二〇世紀後半における最大の欠陥だなと思っています。

竹林　両先生がおっしゃったことを考え合わせますと、豊かさということについて、これまで何を間違ってきたかというと、全部客観的な評価軸で考えよう、物質的な評価軸で考えようとしてきたところにあるのではないか。そうではなくて、豊かさというのは精神的な問題、心の問題が大きい。物質的な豊かさは客観的に評価できるかもしれないが、大切な精神的な問題、個人により差のある主観的な問題を評価をすることが抜けていたということだろうと思うんです。あたりまえと言えばごくあたりまえのことが、故意にでしょうか、評価しようとしなかった。

豊かさというのは、物事に対する欲望が分母にあって、分子がその充足度合いと考えることができます。すなわち、分母は物質プラス精神の欲望で、分子はそれらに対する充足度合いで、私はそれが豊かさだと思うんですね。心の問題が入るので、客観的な指標だけで評価できるものではないと思います。もうひとつは、個人により差のある感性とか素養、さらには精神的なものの評価軸を考えに入れるべきであろうと思います。そういう精神的なもの、そして個人により差異の大きい感性とか教養的なものを、いままではどちらかというと価値を認めなかった、そこを排除してきた結果ではないだろうかと思います。

近代化で忘れ去られたものに真価が

竹林　いま、両先生からもお話のあった、「近代化の中でいちばん忘れたものは何か」ですが、近代化の過程の中で価値がないとしてきたものの中に本当に価値の高いものがいっぱいあったんじゃないかと思うんですね。

金子先生はこれまで、アジアの隅々まで回って来られ、アジアの知恵から学べることが多くあったと思うのです。そこで、「近代化の中で価値がないと忘れさられた、そこに価値があるんだ」ということを端的にお話していただければと思います。

金子　二六〇余年続いた幕府は、制度疲労

金子　量重

と役人の堕落や腐敗で、ひずみや亀裂を生じ、加えて西欧からの外圧で、徳川政権は崩壊して新たに明治政府が誕生しますね。そして、怒濤のごとく入ってきた西欧文明を、自分たちの生活様式とは違う風俗や道具類に関心をもって積極的に受け入れている。その影響の強さに驚愕と憧れをまじえながら、日本人のほとんどは彼らの価値観の虜《とりこ》になっていった。その後の紆余曲折《うよきょくせつ》はあったものの、政治、経済、法律、教育、学問、建築、工業、医薬、宗教、マスコミ、芸能などなど、多領域にわたって大きな影響を受けて、傾斜を強めていった。

　さらに昭和二〇年の敗戦でアメリカの植民地と化したが、こんどは負けたことが負い目となって、アメリカ文明の虜になっただけでなく、父祖たちが積み上げてきた伝統文化そのものまで、すべてが悪いといわんばかりに、廃止または自ら改変してしまった。これでは日本の未来が危険だといち早く察知して、食い止めようと努力した有為の人もいた。だけど日本の軍国主義を徹底的に破壊して民主国家に繕《つくろ》い直そうとの、占領軍の強い意思が働いたことと、それに無節操に迎合したアメリカかぶれの知識人たちの言動が妨げともなって、伝統文化の良い面まで破壊された。

たしかにアメリカが持ち込んだシステムや風俗には、良い部分があったことも事実です。だからといって、日本語を廃止して英語を公用語にしろなんて、占領軍に媚《こび》を売る連中まで出てくる始末でした。彼らのすることなすことすべてよろしとばかりに、絶対視しちゃうんですね。ところが一方で、同じ戦勝国のソ連に与《くみ》した人たちは、共産主義を絶対視しすぎて、危うく日本を共産国家にしかねないような状況もあった。いま考えてみるとおかしな話で、日本の国のあり方を自ら考えるよりも、アメリカにつくか、ソ連につくかといった極端すぎた時代だった。

しかし、ほとんどの日本人は真面目だし勤勉でした。明日の暮らしと日本の未来への再興を願いつつ、自分の仕事に精を出すことで、飢えと貧しさを克服してその後の経済発展の礎《いしずえ》を築いたんです。とくに小さな町工場の経営者や職工、ものづくりの職人といった無名の人たちの努力を高く評価すべきでしょうね。大企業の従業員のような収入や組合活動すら持てなかった人々の存在を忘れることはできない。

バブルに踊り狂った人には想像もつかない苦しみ多き時代だったんです。そんな歴史的な変遷の中で、資源のない日本は海外から素材を調達し、海辺の工場で製品化しては、ただちに海外へ輸出するという貿易立国を国是に、経済発展をとげ、近代化を図ったわけです。しかしその〝近代化〟もすべてはアメリカ的価値観の上に成り立ったがゆえに、アメリカ的思考に左右されすぎて、そのツケが今の日本経済の破滅を招いたともいえるかもしれない。その下地にはすでに明治時代以来連綿と続いた、西欧社会を〝模範〟あるいは〝善〟とし、非西欧社会を〝無知〟か〝悪〟とした単純すぎる極論に惑《まど》わされてきた経緯もあるんですよ。

竹林　面白いですね。そうするとその「近代化」とはいったい何なのでしょうか。近代化の言葉に惑《まど》わされておかしくなってきた。近代化の言葉の裏に隠されているものが問題ですね。

金子　日本人がどの時点で「近代化」を使いはじめたのかわかりません。これを歴史的経験から見た一つの時期とすれば、「古代、中世、近世」の次にくるのが「近代」ということになるでしょうね。だけどこれも西欧から入った編年法で、それがただちに日本やアジアやアフリカにあてはまるとは限らない。だが西欧で唱えられた「Modernization」は、彼らの間で伝統社会や封建社会を「前近代化社会」としているのに対比させた概念ですね。社会の仕組みや生活様式などもっぱら伝統の仕組みでやってきた時代から、機械化を図った新しい時代への移り変わりの様子を形容して「近代化」と呼んだようですよ。

さらにアメリカを含む西欧近代社会に対して、非西欧、とくにアジアやアフリカやラテン・アメリカを対象に、〝非近代的社会〟と極《き》めつけたんですね。日本もそれに同調してアジアを差別してしまった。だけど、西欧の近代文明だって、彼らが進出したアジアの豊かな資源や文化に触発され、それを受け入れて成立したんです。この認識が重要です。

では、近代化の反対側にある価値観はなにか、ということになるじゃないですか。まず近代化が進んだことで、なにが日本から脱落したかを見たとき、それまでの品格ある生活習慣や美しい言葉づかいや、腕の良い職人の造形技法や歌舞音曲を含む、父祖伝来の伝統文化の否定に走りすぎた。

先日たまたまテレビで〝おいしい玉子

焼きのつくり方〃という番組を見たんです。卵を攪拌機やミキサーでかき回すより、卵の黄身は箸でつまむようにかき回すのが、もっとも旨い玉子焼きのつくり方だそうです。これを見て婆さんやおふくろが焼いていたのが一番旨い方法だったなと思った。なんでも口に入りさえすればじゃ味気ないですよ。まさに〃おふくろの味〃は、好《い》い加減なんですよ。

竹林　そういう話が面白い。イイカゲンは好《い》い加減、丁度《ちょうど》良い塩梅《あんばい》なのですね。

金子　手でつくるのは面倒くさい。だから機械につくらせて、安直に食えさえすればいい。それじゃ人間の食事じゃなく、動物の餌と変わらない。やっぱり食べておいしく、見た目にも心地よく、香りや器への盛りつけ方など食文化としての質の高さもほしいでしょう。その意味からも、〃便利さ〃だけを基盤にした「近代化」を絶対視する考え方には疑問をいだかざるをえませんね。

丹野　そうですね。補足になるかどうかわかりませんが、いま金子先生がおっしゃった食文化に関していうと、その道具には自然素材を使うということが原点だと思います。箸一つをとっても、それをステンレスとかプラスチックでやってごらんなさい、味気ないというだけでなく、味そのものが変わってしまいます。玉子焼きだけではない、お茶だって、茶筅《ちゃせん》が金

丹野　稔

属かなんかだったら味は出ないでしょ。

道具には地球上にある自然のものを使う。そして、その道具をつくる職人の技術と、おいしくいただくということでいうと、茶筅の使い方、たて方といった技術、そうした人の手によるところが大切だと思いますね。それによっておいしいかどうか味が変わる。つまり、そうした技術と道具が大切な要素ではないかと思います。

竹林　それも天然の素材のね。

丹野　そうです、当然です。

竹林　江戸前にぎりをつくる機械を一生懸命、工夫し、考案している人がいる。いくらつくってもやはりだめ。手でこうやったものには味はかなわない。だから、最高の寿司は何かというと、この手なんですね。手の温もり。

丹野　そうでしょ。

竹林　こう、にぎりの寿司職人が3回手加減しながらにぎるとできる。それを真似て機械で一生懸命工夫する、それらしきものはできるようになってくる。しかし本物の手でやるのにはかなわない。手加減にいちばん高い価値がある。

先祖からの無言のメッセージを学ぶ

金子　「近代化」と「伝統文化」を対置して考えるうえで大事なことは、土地の自然環境と、長い間そこで生き続けてきた人たちの、暮らしぶりを手本にすることです。自然の摂理に従うのが安全だし最上でしょう。簡単に言えば、日本人のように島国に住み、1年を四季に分けて生活する所もあれば、赤道直下の熱帯雨林の島に住む人もいる。またヒマラヤのような峻険《しゅんけん》な山岳地帯や、シルクロード沿いの乾燥した砂漠地帯で生活する人もいる。自然環境と人との関わりこそ、歴史や文化を学ぶ基礎ですよ。それをごっちゃまぜにして、西欧の価値観を押しつけることは愚の骨頂だし、天に向かって唾するようなもんじゃないかな。

なにしろそれぞれの地域には、そこに生きて苦労して開発してきた、「生き方」

に対する先祖の無言のメッセージが秘められているんですよ。これを見逃しては人間らしい生き方はできない。

竹林　生き方に対するその「先祖の無言のメッセージ」という言葉はいいですね。そのメッセージから学ぶことですね。

丹野　それが文化というものでしょう。だから、それを抜きにして、いま言われるように、表面的な格好だけ真似て、いわゆる〝カッコいい〟だけではね。つくる人間の心がそのものに入らないということです。だから、仏像をつくるにしても魂を入れるということが大切なのです。仏師が一生懸命、命をかけて彫って、最後に目を開いたときに命が吹き込まれる。それは精神性に由来する部分だから、見る側の人間に心があるかないかで、見えるか見えないかの問題でもありますが、そういう意味の心だと思うんですね。

竹林　いま両先生のお言葉の端々に、これまで欧米のものは何でもいいということで、近代化へ突き進んできた。その反省

竹林　征三

をしないといかんのが現在ではないか。そして、欧米技術、欧米思想の導入と、アジアにもともとあったものとの融和が、今、いちばん求められているものではないかという感じがいたします。

船来期と日本化で発展

金子　先ほど申しましたように、日本は島国です。人間誰もが、長く住んで生活している所の地理的な特色、すなわち自然環境に順応して生きているんです。島国では容易に他の地域へ移動するのは難しい。大きな船を自由に操れる漁師や船頭を職業とする人なら可能かもしれない。それとて荒波を越えて行くのは並大抵《なみたいてい》のことではないはずだが、陸つづきの大陸に住む人なら誰でもできる。なにしろ国境といったって、1本の線があるだけで自由に往来ができる。ここに島国と大陸に住む人間の性格の相違が出てくる。いったいそれは何だろうか。

島崎藤村の「名も知らぬ遠き島より、流れくる椰子の実ひとつ」と三河湾で歌った有名な詩があります。これは日本人の性格をよく言い現していますね。島人にとって海辺は大地の果てで、その先は歩いては行けない。岸辺に立つと大波小波に乗って、椰子の実だけではなくいろんな〃もの〃や、時には人もたどりつく。

島人は渡来した異国の人たちの容姿や、衣服の違いに、一体、何者だろうと奇異に感じながらも、やがて彼らに近づいて交流がはじまる。果てしなく広がる海の彼方に、夢や憧れを抱くのは人情だし、大ロマンでもある。これこそ人間が抱く海の彼方への好奇の思いでもあり、現代流にいえば日本人を「舶来品愛好民族」にした原点ではなかろうか。

その好奇の心を私流に具体的に説明すると、〃もの〃が入ってくると、島国の日本人はどうするかというと、まず、①「わっ、珍しい」と好奇の眼で見て珍重する。ついで、②それを見た隣人は羨ましさに「私も欲しい」。だが1個しかない。そこで渡来人に依頼して模倣する。しかし、③模倣品を使っているうちに、なんとなく生活様式や信条に合わないと感じ、日本的な〃もの〃をつくる。そして、④それが人気を呼んで、日本中に行きわたる展開期となる。ところが、⑤右を見ても左を見ても、みんな同じものを持つようになると、飽きて停滞期を迎えるんです。

日本人の歩みは「舶来期」と「日本化」の時期を交互に繰り返しながら、今日の発展を見るようになったと考えるんです。これが「金子式日本史編年」で、現代日本はその何回目かの停滞期にあたるわけです。停滞期になると日本人は新たな活力や創造の源泉を求めようと、海の彼方《かなた》に目を向けて本能的に異質の文化を取り入れるんです。これこそ先祖が私たちに残した貴重なメッセージだと思います。

竹林　どう展開してきたのか、具体の事例をお話いただければ、理解が深まるのですが。

金子　では、古代から繙《ひもと》いて、われらが先祖がどう思索し、どう行動した開拓したかお話しましょう。

まず、縄文の時代の終わりに弥生の生活文化が始まり、農耕文化の基盤をなすお米を食べるような生活に変わったということです。次の時代に朝鮮半島から王様とその遺物を葬る古墳文化が入ってきて日本中に行きわたる。そうすると、また仏教文化が入って来て奈良時代の国家仏教の時代になる。唐の文化一辺倒に飽きて、今度は日本化しようということで平安時代が興《おこ》り、中国の漢字から仮名が生まれる。さらに唐（呉）服から十二単へと衣服が変わるなど、日本的な生活文化確立の時代へと進む。建物も唐風をやめて寝殿づくりという新しい日本的な建築様式が生まれてくる。

その寝殿づくりを舞台に〈源氏五十四

帖〉を繙く、〈几帳《きちょう》のかげに〉という紫式部の『源氏物語』が生まれてくるんですね。あれは唐風の東大寺や唐招提寺の建造物の中からは出てこない小説です。

そして、平安時代の貴族社会が崩壊し、質実剛健な鎌倉武士の舞台が明ける。その精神的な背景は、中国宋代の禅宗です。その後の足利時代は、金閣・銀閣が象徴する日本的な東山・北山文化の花が咲いた時期です。

その次の桃山時代は、初めて西欧人と交流した国際化の時代だが三〇年で終わり、江戸の庶民文化の時代がやってくる。その後は鎖国時代に入る。これ以上、国を開いていたらオランダ、スペイン、ポルトガルなど白人に荒らされて日本の国がだめになることを感じたんです。

しかし、鎖国をしても、長崎の出島だけはちゃんとオランダ船も高麗船も琉球船や明国船も自由に入れた。そこを一つの窓として世界中の情報がキャッチできる。その情報はできるだけ早く江戸幕府にご注進するシステムをつくったというのはすばらしい。

幕末になると、産業革命による量産品を売り込もうとアジアの国々を侵略する流れが日本にもやってきた。しかし、日本は植民地にはならなかった。なぜか。幕末の日本は江戸幕府と薩摩と対立しており、薩摩沖にはイギリスの軍艦が、江戸湾にはフランスの軍艦が来ていました。イギリスは、西郷隆盛に会って『江戸と戦うならば、わが軍は軍艦も弾薬も全部提供するぞ』と言うと、西郷は『これは、おいどんたちの戦いでごわす。おはんたちの手は借り申さん』と、断っちゃうんですね。

一方、フランス軍が江戸城に行って『フランス軍はあなた方のためにすべてを提供します』と言うと、『べらんめぇ、これは俺たち江戸っ子の争いだ。お前たちの手なんか借りん』と、勝海舟は断るんですね。あのとき、勝海舟や西郷隆盛がいなければ、西日本はイギリスの植民地、東日本はフランスの植民地になっていたかもしれませんね。そう考えると、国が危ないときは憂国の人材が現れるわけですね。民間にも官僚にも、客観的に情勢判断のできる人物が出てくるんですよ。

近代化日本への道のりを考えると、古代から江戸時代までは、北はシベリアから朝鮮半島、中国、フィリピン、ベトナム、カンボジア、琉球、インドネシアといったアジア周辺の諸民族が、日本へやって来た。彼らが交流や貿易してくれたお蔭で、外国の〝もの〟や生産技法や信仰を受け入れる機会を持て、それらを日本的につくりかえる能力を持てるようになった。だからこそ、明治の初め、ヨーロッパからガス燈をはじめ電気や汽車や、その他諸々のものをうまく受け入れることができた。

まさに二千年の長きにわたって、衣・食・住、信仰、学び、芸能、遊び、生産などの生活文化や信仰体系に、各種の造形技法を学び、かつ経験を積んできたからですよ。かつて、手仕事に励んだ職人に加えて、明治には工場の機械を操作する職工さんも現れますよね。後に造船王国と呼ばれるようになったのも、この優れた職工さんがいたからです。さらに、鉄道をつくり、レールも敷けた、洋館もつくれたんですよ。長い手織機から自動織機への切換えもできた。そしてそれに続いて、自動車、時計、カメラ、鉄道、電化製品、橋梁、ついにはハイテクに至るまで、日本人のものにできたじゃありませんか。

竹林　要するに、欧米崇拝の行き詰まったときに打開するのはアジアから長年、培って教えてもらった職人の知恵というか、造形技法の知恵ですね。

金子　そこでひとつ大事なことは、日本人は海外への憧れが強いために、ともすれば同化されちゃうという性質をもっているんです。奈良時代には、漢字が書けて、唐服を着て、漢詩を読む、それが知識人のシンボルだった。

竹林　明治の文明開化と全く同じパターン

ですね。現在のアメリカ追随もその延長線です。

金子　そう。みんな唐風文化に憧れていたわけですよ。だから、日本化した平安時代にもその流れは『源氏物語』や『懐風藻』にも現れています。遣唐使は廃止された平安時代ですよ。だけど、「三笠の山にいでし月かも」という歌の奥には中国を偲んだ物語が入っている。漢詩を例にとっても、中国の文章の引用があれば優れた作品という風潮が、大和の人には多かった。明治に入ると、ズンチャッチャと洋装した紳士淑女が、鹿鳴館の夜会で踊り狂うのが流行の先端だった。戦後は絹の靴下から、ナイロンストッキングへと女性はいち早く変貌し、フォークダンスとジャズに明け暮れた。さもなければ、赤旗振って何事も「反対」という極端な道に走った時代もあったわけです。良《い》いにつけ悪いにつけ、外来思想や生活文化や機械文明を積極的に受け入れてきた日本人の長年の習性の現れだと思うんです。

行き詰まったら異質の文化を――いま学ぶべきはアジア

金子　そういう流れの中で、明治から一四〇年、時代の流れに乗って日本はすっかり欧米化しました。日本にとっては欧米はもはや同質文明だとほとんどの人は思っているのでしょう。ほんとうにわかっているのはごく一部の人だけ。先ほども言ったように、日本人は次の時代の夜明けを迎えるために常に海外に目を向けてきた。その焦点は何か。ずばり「異質の文化」なんです。行き詰まった現代日本の再生に必要な二一世紀を開く異質の文化とは何か。それは、日本に最も隣接しながらすっかり異質となったアジアなんですよ。日本人は常に異質文化を吸収することで、この国の時代の大きな変わり目を常にうまく乗り越えてきた。現代の日本人は欧米の文明にどっぷり浸かりすぎて、身動きもとれずに行き詰まったんだから。こんなときこそ、「温故知新」先祖の生き方を学び直して、日本文化の源流であるアジアに生活文化の未来を求めようというのが私の論理です。いかがなものでしょうか。

竹林　非常に面白い切り口の、説得性のあるお話を伺いました。行き詰まったときには全然違う異質のものをと。私が考えるのは、西洋の文化とは何か、何でもいいから縦糸でバラバラにする知恵だ。そのバラバラの中での整合性、合理性の追求という縦糸の文化なのです。東洋の知恵というのは仏教の思想でもあり、神道の思想でもあるのですが、何でもバラバラなものを横糸でバランスよく上手にまとめる知恵だと思う。いままで近代化の過程は何かというと、バラバラにすることによって、その部門々々の合理性を追求することだった。その結果、物質的には豊かな社会が実現した。その一方で、いまものすごくチグハグになり、環境問題など、いろんな分野で破綻をきたすことになった。アジアの、東洋の、日本の知恵、総合的にバランスよくまとめる横糸の知恵がそれを打開するんじゃないかということを、いま金子先生のお話を伺っていて感じました。見方を変えれば、ルネッサンスの幕開けから二〇世紀中頃までの近代文明のすばらしい展開は、デカルトやニュートンの精神を切り離し、物質に焦点を当て、細分化し、その中で組み立てられた縦糸系の理性の勝利の歴史であったとみることができる。しかし、二〇世紀後半から顕在化した地球環境問題は、有限なる地球、融通無碍なる地球を誰しもが認めなければならなくなった。今こそ、東洋の直感的深慮、深き叡智と日本人の豊かな感性が西欧の縦糸系の理性を相補う横糸系の知性であろう。二一世紀は東洋の世紀であり、日本が学ぶべきはアジアであり、一番大切なのは、日本人の遺伝子に組み込まれている豊かな感性の再確認であり、日本人の知のアイデンティティの確立ではないでしょうか。

アジアから多彩な生活文化を学ぶ

「ノー」と言えない質の高い感性

竹林　そこで二つ目の課題に移りたいと思います。

アジアにはたくさんの国があり民族がいて、世界の人口の六〇パーセントぐらいを占めている。そして、多様な文化をつくってきている。ということで、アジアの多様性の文化から学ぶことが次の大切な切り口だと思います。アジアの多様性文化についてどういう視点をもっていたらいいのかというときに、「ノー」と言えない日本だから駄目だと、あるジャーナリストが言ったことがありました。し

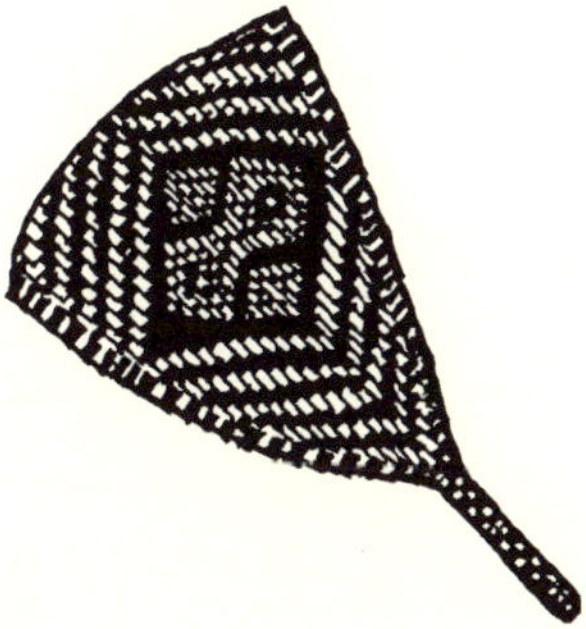

かし、私は逆に、「ノー」と言えないことが実に質の高い感性がつくった、東洋の質の高い知恵、文化じゃないかと思うのですね。ようするに、日本とかアジアはただ合理的に割り切った考えにより、「ノー」とか「イエス」とかではなくて、同じものを別の観点から、裏から見るとか、多様な視点からバランスよく見るということは、感受性豊かな質の高い知恵ではないかと思うのです。そういう点で日本人の「ノー」と言えない表現にはきわめて質の高い価値があるということだと思うのです。

物事にはすべて両面性がある。表があれば裏がある。物事を一面からしか見なければ単純にイエスかノーか割り切ることができる。しかし逆の立場から見れば逆になる。物事には両面性とともに連続性があり切れ目がない。言葉とか概念で連続的なものに方便として切れ目を入れて考えている。したがって、物事は百パーセントこちらが白で、あちらは百パーセント黒というほど単純ではない。見方にもよるが、黒とも言えるが、また、反対側から見れば白とも言える。

最先端物理学が解き明かしつつあることは、素粒子・元素をとことん突き詰めて行けば、粒子性のみでなく波動性を帯びてくる。粒子であると思えば波動であり、波動であると思えば粒子なのだという。金子先生はどのようにお考えでしょうか。

多様多元な民族の生活文化に創造の英知がひそむ

金子　面白いご指摘ですね。世界の人口は六〇億、そのうちアジアだけで三七億の人がいるんです。これは世界の一大勢力ですよ。日本人は戦後、アメリカとの関係が深く、その影響も強かったので、外国といえば無意識にアメリカと錯覚し続けてきちゃった。どうも一つのことに気をひかれると、周辺が見えなくなる危険性がある。その延長上でアメリカと対比してアジアを一つと見てしまう。これがこわい。明治時代にフェノロサに共鳴し、西欧一辺倒の時代に、東洋の造形活動の偉大さに気づいて研鑽《けんさん》し、のちに東京美術学校長に任命されたり、日本美術院を創設した岡倉天心（一八六二〜一九一三）が、のちに中国やインドを旅して、「アジアはひとつ」との思いを深めての発言に端を発しているんです。その発言が今日まで尾を引いているけれど、天心のは西洋を一つと見たことに対置し「アジアは一つ」と言ったんです。現実のアジアには約五〇ほどの国があり、その国を基盤で支え

シベリア
バイカル湖
イルクーツク
オホーツク海
ハバロフスク
ウランバートル
モンゴル
ハルビン
ウラジボストク
日本海
北京
朝鮮民主主義
人民共和国
太原
ピョンヤン
ソウル
大韓民国
西安
東京
大阪
日本
中華人民共和国
南京
武漢
上海
成都
東シナ海
南昌
長沙
台北
台湾
ハノイ
太 平 洋
ビエンチャン
ラオス
タイ
ベトナム
バンコク
マニラ
フィリピン
カンボジア
プノンペン
南シナ海
ホーチミン
マレーシア
ブルネイ
クアラルンプール
スラウェシ島
シンガポール
カリマンタン島
スマトラ島
パプア
ニューギニア
ジャカルタ
インドネシア
アラフラ海
ロンボック島
ジャワ島
バリ島
ポートモレスビー
スンバ島
オーストラリア

の地図

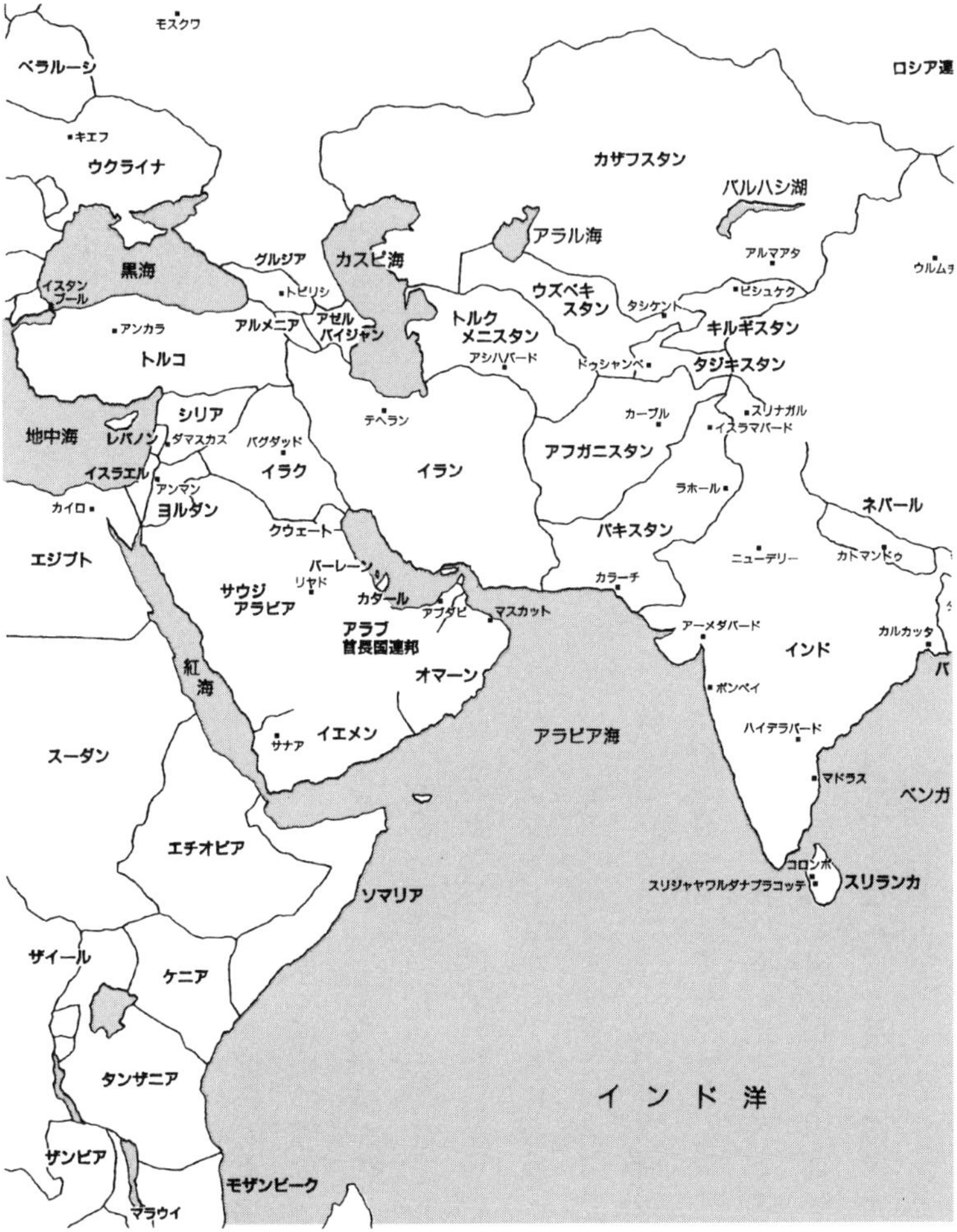
モスクワ
ベラルーシ
ロシア連
キエフ
ウクライナ
カザフスタン
バルハシ湖
アラル海
黒海
グルジア
カスピ海
アルマアタ
ウルムチ
イスタンブール
トビリシ
ウズベキスタン
ビシュケク
タシケント
アンカラ
アルメニア
アゼルバイジャン
トルクメニスタン
キルギスタン
トルコ
アシハバード
ドゥシャンベ
タジキスタン
シリア
テヘラン
カーブル
スリナガル
イスラマバード
地中海
レバノン
ダマスカス
バグダッド
アフガニスタン
イラク
イラン
イスラエル
アンマン
ラホール
ネパール
カイロ
ヨルダン
クウェート
パキスタン
ニューデリー
カトマンドゥ
エジプト
バーレーン
リヤド
カラーチ
サウジアラビア
カタール
アブダビ
マスカット
アラブ首長国連邦
アーメダバード
カルカッタ
インド
紅海
オマーン
ボンベイ
イエメン
サナア
アラビア海
ハイデラバード
スーダン
マドラス
ベンガ
エチオピア
コロンボ
スリジャヤワルダナプラコッテ
スリランカ
ソマリア
ザイール
ケニア
タンザニア
インド洋
ザンビア
モザンビーク
マラウイ

アジア

てきたのは「民族」だという認識が重要です。

中国には漢民族のほかに五四の少数民族がいるし、同じようにベトナムには五五、タイでも五〇余、ミャンマーには一三四、赤道直下に一万六千の島からなるインドネシアには、無人島を除くと三三〇〇あります。一島一民族としても同じ数の民族がいるわけです。私が調査したスマトラだけでも、数十の民族がいるんだから大変な数ですよ。中国の貴州省や雲南省や四川省にも数十の民族がいますが、北中国から漢民族が南下するたびに、彼らは居住地を変えながら東南アジアに移住した。だから東南アジアは、いわば南中国の出張所みたいな感じがします。

たとえば、苗《ミャオ》族がベトナム、ラオス、タイにも移住しているのは、国とはかかわりなく、同一民族が拡在するのもアジアの特色です。彼らは藍の蝋染めの民族服をきているし、集落形成や生活様式が同じだからすぐわかるんです。一つ山を越えるとそこには別の民族が住んでいて、相互に交易しながら平和に暮らしています。北タイのメーサイではメコン河をはさんで、ミャンマー人の群が野菜を売りに橋を渡ってくるし、それをタイ人たちは毎朝買い続けています。ベトナムのラオカイ省では、山を越えて中国から毎日物資をもち込んでいます。国境を両側の

中国の少数民族

番号	民族名	人口(1990)総計	主たる居住地域	分布地域
1	満(まん)族	9,820,000人	遼寧	黒龍江　吉林　河北　内蒙古　新疆
2	朝鮮(ちょうせん)	1,920,597	吉林	黒龍江　遼寧
3	赫哲(ホジェン)	4,245	黒龍江	松花江下流域
4	蒙古(モンゴル)	4,806,849	内蒙古	遼寧　黒龍江　吉林　新疆　青海　甘粛 寧夏　河北　河南　四川　雲南
5	達斡尓(ダフール)	121,357	内蒙古	
6	鄂温克(エヴェキ)	26,315	内蒙古	黒龍江
7	鄂倫春(オロチョン)	6,965	内蒙古	黒龍江
8	回(かい)	8,602,978	寧夏	ほぼ全国的に居住
9	東郷(トンシャン)	373,872	甘粛	
10	土(トゥー)	191,624	青海	
11	撒拉(サラ)	87,697	青海	甘粛　新疆
12	保安(ボウナン)	12,212	甘粛	
13	裕固(ユーグ)	12,297	甘粛	
14	維吾尓(ウイグル)	7,214,431	新疆	
15	哈薩克(カザフ)	1,111,718	新疆	甘粛　青海
16	柯尓克孜(キルギス)	141,549	新疆	
17	錫伯(シボ)	172,847	新疆	遼寧
18	塔吉克(タジク)	33,538	新疆	
19	烏孜別克(ウズベク)	14,502	新疆	
20	俄羅斯(オロス)	13,504	新疆	
21	塔塔尓(タタール)	4,873	新疆	
22	藏(チベット)	459,330	西藏	甘粛　青海　四川　雲南
23	門巴(メンパ)	7,475	西藏	
24	珞巴(ロッパ)	2,312	西藏	
25	羌(チャン)	198,252	四川	
26	彝(イ)	6,570,000	四川	雲南　貴州
27	白(ペー)	1,592,173	雲南	貴州　四川　湖南
28	哈尼(ハニ)	1,253,952	雲南	
29	傣(タイ)	1,025,128	雲南	
30	傈僳(リス)	574,856	雲南	四川
31	佤(ワ)	351,974	雲南	
32	拉祜(ラフ)	411,476	雲南	
33	納西(ナシ)	278,009	雲南	四川　西藏
34	景頗(チンポー)	119,209	雲南	
35	布朗(プーラン)	82,280	雲南	
36	阿昌(アチャン)	27,708	雲南	
37	普米(プミ)	29,657	雲南	
38	怒(ヌー)	27,123	雲南	
39	徳昂(ドアン)	15,462	雲南	
40	独龍(トールン)	5,816	雲南	
41	基諾(チノー)	18,021	雲南	
42	苗(ミャオ)	7,398,035	貴州	湖南　雲南　広西　四川　広東　湖北
43	布依(プイ)	2,545,059	貴州	
44	侗(トン)	2,514,014	貴州	広西　湖南
45	水(スイ)	345,993	貴州	広西
46	仡老(コーラオ)	437,997	貴州	広西　雲南
47	壮(チワン)	15,489,630	広西	湖南　雲南　広東
48	瑤(ヤオ)	2,134,013	広西	湖南　雲南　広東　貴州
49	仏佬(ムーラオ)	159,328	広西	
50	毛南(マオナン)	71,968	広西	
51	京(キン)	18,915	広西	
52	土家(トゥチャ)	5,704,223	湖南	湖北
53	黎(リー)	1,110,900	海南	
54	畲(シェー)	630,378	福建	浙江　江西　広東　安徽
55	高山(こうざん)	大陸　2,909 台湾337,342	台湾	

計 86,644,887

民族が自由に往来し交易しています。こんな状況は日本人には想像できないことですが、これが人間本来の姿です。

インドでは、ニューデリから通訳を連れて、車で2、3時間行ったら、その通訳が役にたたないところがあるほど多言語の国です。私と通訳は現地の人と英語でしゃべるということになるんですね。かつてイギリスの植民地だったインドは、随分ひどい目にあいましたが、その代わりに英語をもう一つの共通言語として活用する方法を身につけたんです。そういう多民族国家をまとめていくのは至難の技でしょうが、それが通用しているところに偉大な歴史の重みを感じます。あるとき町を歩いていると、壁の貼り紙にお父さんとお母さんの顔と、その下に赤ちゃんの顔が描いてあるんです。文字ではなくマンガで表現するのも、多言語国家インド政府の通達法なんだということを知りました。

インドに限らずアジア諸国には共通要素が多い。ベトナム、ラオス、カンボジアはフランス、ミャンマー、マレーシア、シンガポールはイギリス、インドネシアはオランダの行政制度や言語を強制的に学ばされた経緯があります。皮肉なことにそれを現在は国際交流のトゥールにしているんですよ。植民者の人権無視の時代を克服して、これらの国々は現在独自の生活様式を守りながら、未来に向けて逞しくがんばっているんですよ。

竹林　私たち日本人は、そんなアジアの実情をあまりよく知りませんね。

金子　そうですね。口では「国際化」とか「グローバリゼーション」なんて言うけど、あれは欧米一辺倒すぎてほんとうの「国際化」じゃないですよ。「国際化」とは、自分が何者であるかを第三者に正しく伝えられることですよ。英語を話せること結構、だから〝国際人〟なんていうのはどうかな。英語をいかに正しい日本語に直せるかのほうが重要なんですよ。それには日本についての認識が確かでないとね。今日本人にもっとも欠けているのはこのへんじゃないかな。

フランス革命後、ヨーロッパで起こった同質的な人間の存在を標榜して生まれた市民社会、すなわち国民主権の国家体制を、「nation states」（国民国家）とか「modern states」（近代国家）と呼んできたようです。だけどヨーロッパ生まれの政治概念がすべて正しいとばかりに、アジアに押しつけ、そのとおりに運営されないと後進とか独裁なんて言うのは間違いです。今日アジアやアフリカが遅れていると言われる最大の理由は、西欧が長い間、植民地支配してきたことに原因があるんだから。多様多元な民族や生活様式に加えて、信仰や宗教が複雑に入り交じっているアジアの事情を認識せず、無理にキリスト教化したのは欧米諸国の横暴としかいいようがない。アジアを正しく見る時期の来るのを静かに見守るのが、人の道ではないでしょうか。

明治以来一四〇年欧米一辺倒で同質化してきた日本は目覚めて、「異質」なものを学ぶ心のゆとりこそ必要です。学ぶ相手はもちろん欧米ではなく「アジア」ですよ。アメリカの筋書きどおりに動いていると、ついには日本は沈没しますよ。もっと自分を見詰めて自身の信念で行動すべきときです。

日本のファッションは長い間フランスが主流で、いわゆる「パリ・コレ」の時代でした。それは一時「ニューヨーク・コレ」になったが、今やファッションの基調はアジアに移っているんです。パリでは大分前から、着物、チマ・チョゴリ、チャイナ・ドレス（無袍）、サリー、アオザイ、遊牧民の衣服や装身具をどんどん取り入れていますよ。まさに「アジ・コレ」の時代です。形や色や模様に豊かさを秘めた民族服は、彼らの羨望の的なんですよ。アジアの民族服をずっと見続けてきた私には、それを生み出したアジアの女性の造形感覚の豊かさに、いつも感動させられっぱなしですよ。

ヤオ、ミャオ、リス、モン、ジンポウ、イバン、タイ、ラカイン、ネワール、カシュガイ、ウイグル、トルコ、イエメンなど、どの民族の服を見ても同じ色や模様は一つもない。これを模範にできないようでは、未来のファッションなど云々する資格はない。また琉球王朝ではインドネシアのバティーク（模様染め）や南中国の藍の印華布を導入して、紅型《びんがた》や藍型《えいがた》というたいへん美しい染物を完成させています。

そして、それを実現したすぐれた職人たちの存在が何より大きい。どうも日本のファッション界は、創造力が貧弱なのか、パリと言えば高級だと錯覚して、そのあとを追いつづける。古い、古い、もう世界の潮流はアジアへと、舞台は大きく回わりはじめているんですよ。日本に先を越されないために、さまざまな理屈をつけては欧米は日本人のアジアへの進出を妨害しているように見える。なにしろ白人たちは戦略がうまいですよ。政治家や商社マンもそんな手に乗らないように、その上を行く戦略を考えてはどうかな。

質の高い文化〈江戸職人〉の知恵に学ぶ

竹林　いま、金子先生から、アジアは多様で、いざというときに切り札になる知恵はそこにあるというお話を伺ったんですが、私は、日本の歴史の中でも江戸三〇〇年の歴史というのはものすごい文化の花が咲いて、そこには知恵の結晶がいっぱいあり、そこからも学ぶべき多くのものがあると考えています。丹野先生は江戸職人の文化を非常に評価されて、江戸職人をパリなど、欧米諸国に連れて行ったり、紹介して、一生懸命ＰＲされておられるなど大変な努力をされておられますが、これはすごいことだと思うのです。丹野先生から「江戸職人の知恵から学ぶ」という切り口で、江戸職人の知恵がどれだけすごいかということを語っていただければと思います。

丹野　簡単に言って、私たち日本人がもっている日本の文化に対して、相対としての欧米文化を見たとき、近代化を含めて欧米の文化に憧れをもちます。たとえば、ファッション一つとっても、やはり、何となくヨーロッパとか、パリというとカッコいいというところがありますね。

私が最初にヨーロッパに行ったのは24、5年前なんだけど、インテリアというジャンルで行ったんです。インテリアというのは、家の中におけるファブリック、つまりカーテンや、壁紙などのことで、建築家とか、デザイナーの分野のものですが、実はパリファッションにしても、インテリアにしても、デザイン、色など、その原点をたどってみると、日本の文化である浮世絵の影響をものすごく受けたものなんですよ。

ヨーロッパが出会ったのは葛飾北斎、写楽、歌麿らですね。これが一七、八世紀ごろヨーロッパに影響を与えた。アールヌーボから現代のインテリア、ファッション、デザイン、装飾美術のルーツまで、いま日本で人気のある印象派の原点も浮世絵にあるんですね。一七世紀後半に日本の焼き物がオランダ貿易によってオランダに入っていくが、その焼き物を包む紙が浮世絵だったんですね。それを、向こうは焼き物ではなく紙のほうにびっくりしたわけです。

その当時のヨーロッパのファッションは、織物にしてもデザインにしても単色なんですね。だから、着物のデザインを見て、地球の果てのほうにこんな民族がいたのかとびっくりし、じゃ、どんなものがあるんだと好奇心いっぱいのとき開かれたのがパリ万博です。万博は、江戸時代後期から明治時代初期の日本文化を

葛飾北斎の「手踊り」
（摺師山田孝三郎）

紹介したものだったけど、そのときにおける北斎の〈北斎漫画〉一六巻がヨーロッパのデザイナー、建築家の人たちの教則本になったんですね。たとえばイギリスのマッキントッシュにしても、ウィリアム・モーリスにしても、ウィーンのクリムトにしても、ガレにしても、ムシャにしても、みんな浮世絵の影響を受けています。オルセー美術館が印象派であれだけの作品をもっているよといったって、そのルーツは日本の浮世絵なんです。

ところが、そのこと自体を日本のデザイナーとか、芸術家、建築家の連中は知っているのか、知らないのか……。それで、欧米のデザインがいいとか、文化がいいとか言って、それを高いギャランティを払ってデザインを買ってきて、そして日本化してカーテンや壁紙やカーペットができてくるわけでしょう。

日本人と欧米人の違いがあるとすると、日本人はフランスのデザインなり、ウィーンのデザインがいいよといったらそのままもってきてそのまま使う。ところが、彼らは浮世絵から何を学んだかというと、いちばん大きく学んだのは着物文化なんですね。日本の着物はあれだけいろんな色を使い、デザインを使うというこの仕組みは彼らの中世以降のデザインとファッションの世界にはなかった。向かうのは単色であり、刺繍《ししゅう》文化と言えるものですよ。そこに江戸時代中期から後期における浮世絵文化が入った。その意味するところの大きいところは、デザイン・色と大衆性ですね。これは公家文化でも武家文化でもなくて、庶民の文化なんですね。

そのことが今度は歌舞伎と連動していくわけです。いまの日本の歌舞伎公演の演目のように、最初から最後まで同じだというのは、江戸時代当時にはなかったんですね。一〇日間あれば初日と一〇日

シベルニーのモネの家

モネの家の中。浮世絵の展示

モネの睡蓮の池

目は演出と内容がだいぶ変わってくる。演者がここでミエを切るという場合でも、昨日ときょうでは違うんですね。余談だが、いまの歌舞伎を見ていると、昨日もきょうも明日も同じことをやっている。そうして、江戸時代の歌舞伎の流れを一生懸命やろうとしている猿之助はメジャーから外されて、歌舞伎座公演ができなくて、いわゆる世襲制度の何代目団十郎、菊五郎なんていうことでやっている。

私はよく言うんだけれども、二代目ベートーベンがいるのか、三代目ショパンがいるのかというんです。その人がもっているものはその人で終わりなんです。ところが、日本人はそれを三代目、五代目なんて、それが家元制度ですね。そして、自分たちの世界で生きていくための仕組みをつくってきた。これがお花であったり、お茶であったり、流派として家元制度が残ってきたメリットはあるけれども、逆にそのマイナス面、デメリットもあるということです。

音楽の世界でも、西洋と東洋の違いは出てくる。日本のそれは、しぐさとか、内容が違うと、お前は破門だよとなる文化ですね。今日、雅楽《ががく》が宮中に残っているのは世界的にいえばすばらしいことです。あれは、ある意味での世襲制度ですが、やはりいい面と悪い面がある。浮世絵は、いまのヨーロッパの芸術家とか、デザイナーとか、建築家とか言われる人たちが学んだ構図であり、デザインであり、色である。そのことを日本人が知らないというところに私は憤慨しています。

東洋の「ものづくり」を評価した西洋

丹野　私が、日本の江戸職人、浮世絵の摺《すり》師《し》をパリへ最初に連れて行ったとき、ミューゼドロームという人類博物館のメインロビーで館長が出迎えてくれて、送り迎えをしてくれて、ディナーに招待してくれた。これには職人たちの方がびっくりしていましたが、世界的な人類博物館の館長が出迎えて、ちゃんとものづくりの職人に対して礼を尽くすという、そのことをわかってもらいたいですね。そんなこと、日本に帰ってきたら蹴飛ばされているわけですよ、百貨店の売場なんかで、摺師なんて勝手に摺れみたいなことで。そこは、やはりフランス人の文化、職人の技に対する高い評価に私は感動しましたね。

竹林　私も、ゴッホだったかピカソだったか忘れたんですが、一生懸命、日本の浮世絵を学んでいる途中のデッサンをどっかで見たことがあります。

丹野　ゴッホにしたって何にしたって全部、浮世絵から学んでいるんですよ。ルノワールにしたって、ロートレックにしてもそうです。

いまインテリアの中で出てきているカーテンの問題ですが、ここ4、5年、ヨーロッパから流れて来ているんですが、裏地を、着物の裾の裏側にチラチラと見せる、あれをカーテンに取り入れてきたのがヨーロッパなんですよ。それを、日本人はそっくり持ってきてね。考えてみたら、日本の着物のデザインをうまく利用しているのは向こうの人ですね。

よそのものを自分の文化として売り込んでくる。さっき言ったように、日本人は

バルビゾンのミレーの美術館長と山田孝三郎氏

江戸職人文化使節としてパリを訪問した山田孝三郎氏によるパリ BHV での浮世絵摺りの実演

そのままそっくり持ってくるから、物真似文化で日本人は何だというように言うけど、そのルーツはと考えてみると実は日本であったりする。それを日本人が知らないというのが、私は悲しい。だから歴史と文化を学べっていっているんです。ルーツを調べると、アジアだというものはいっぱいあるよということです。

良いものを見極《きわ》める目こそ

金子　ずばぬけた良い〝もの〟をつくろうとしたら、足元から遥《はる》かなる彼方《かなた》まで視野広く〝もの〟を見ることです。西欧の画家たちは日本の浮世絵はもちろん中国の陶磁器からもたくさん学びとっていますよ。先人の仕事や舶来品の単なる〝もの〟真似からだけで、人を刮目《かつもく》させる優品は生まれない。それを彼らは実行しただけなんですよ。

かつて私は染色の芹澤銈介《せりざわけいすけ》のパリ展に関わったことがあります。芹澤は二百年に一度現れるほどの希有《けう》な匠でした。彼の造形技法や作品に惚れましたが、とくに彼の蒐集《しゅうしゅう》品を見たときに、〝目〟の確かさに心うたれました。

パリ展を企画した国立近代美術館長の

ジャン・レマリーに『なぜ芹澤を選んだか』と聞きました。彼は『現代フランス美術は衰弱している。これを復活させる強烈なエネルギーはアジアにある』と言っていました。そのことを直観したレマリーは、はるばる日本にやってきて、大阪での芹澤の個展を訪れガラスケースに額をこすりつけながら熟視。さらに芹澤宅をたずね寡黙《かもく》な彼から〝ものづくり〟の心をつかみ、展覧会の開催に踏み切ったそうです。さすがフランス造形界を統括するだけの人物だなと感じ入りました。こんなすごい美術館長は日本にいないな。

この展覧会は国際交流基金とフランス政府の共催で昭和五一年の一一月から三カ月のロングランで行われましたが、全ヨーロッパからの参観者でにぎわい、世界の「セリザワ」としての評価を高めたんです。このときのフランスが制作したポスターが良かった。藍染めののれんに「SERIZAWA」と書いただけ、日本とも染物とも書いてない。その自由さがすごいと思った。そのポスターがシャンゼリゼの大通りに三百本立ったとき、私は感激して「セリザワ風パリを吹く」と思わず叫んだ。すごかった。レマリーとセリザワの出会いは、日仏文化交流の歴史に残るでしょうね。

さきほどの〝イエス〟と〝ノー〟の話ですが、私は東と西の哲学というか、思想的背景の違いを知ることが大事だと思います。西のギリシャ哲学以来の伝統は、自然と人間とは対立するという概念の二元論です。それに対して東のアジアでは人間は自然との共生によって生きているとの一元論をとります。

東洋哲学は、仏教以来というか、それ以前からの霊魂信仰に負うところが多いと思うが、自然とは母のたなごころで、その中に抱かれて生きているのが人間だというのが基本ですよ。そこには自然に対する感謝と優しさがあるんです。

白人の自然との対立概念には、「俺が、俺が」で、人を押し退けてでも俺がやる。ところが、日本人をはじめアジア、特に南に住む人たちは慎ましやかです。

竹林　謙譲と、もう一つは包含の心ですよ。

金子　そのおおらかさが、時には「まぁいいや、大目に見ておこう」となるんです。ところが、アメリカ的な風潮が入ってきたことで、大変な思い違いから〝自由勝手に〟やっていいんだという方向へいっちゃった。日本中ごらんのような〝ていたらく〟です。

それから、客観的にものが受け取れるようになることも私は大事だと思います。よく白人は貨幣を空に投げて裏か表かで判断します。だが日本人のアンケートには、賛成、反対のほかに、なんとも答えられないというのがあるでしょう。これを白人たちは理解できないようです。煎じ詰めれば「狩人」と「農夫」の生活信条の違いとでも言えましょうか。この点ももっと認識すべきです。日本人同士ならこのままでいいが、ことアメリカ人と話すときは、この点を留意して〝イエス〟や〝ノー〟の意志表示をはっきりすべきです。彼らには〝遠慮深く〟や〝以心伝心〟なんて通じやしないんだから。

相手によって返事を使い分けられる融《ゆう》通無得《づうむげ》さこそ、国際化時代を賢く生きる道だと思います。アメリカにだっていい点は多々あります。たとえば「自由」の問題。彼らの基盤には厳しい制約があって、なんでも自由というわけにはいかない。ところが日本ではそれを〝自由勝手〟とはき違えてしまった。これからはもっとアメリカから社会面で悪いことも入ってくるだろうが、単に迎合するのではなく、〝良い〟〝悪い〟を見極めて取り入れることが肝心ですね。特に最近の腐敗と堕落は、現代日本を象徴しています。

竹林　明治以降、日本の知識人は西欧の横文字で書かれているものを新しい知識として無条件で正しいと受け入れてきた。それがイエスかノーです。物事の本質には、必ず二面性があるという真実を見極める目、それも日本人の先祖が大変な思いで獲得してきた目を否定してしまったところに間違いの源がある。

風土がつくる〝職人〟、職人がつくる〝風土〟

「地域性」「民族性」「時代性」の三大視点から見る

竹林　アジアの職人と江戸の職人の両方から学ばなければならない。アジアの職人、江戸の職人はアジアの風土、日本の風土がつくってきたのです。反対に職人がまたその地の風土の個性をつくってきたという両面性がある。こういう切り口になってくると思うんですよ。しからば、風土とは一体何なのか。私はそれを風土五訓の形でとりまとめて見ました。

　すなわち、風土とは、その地の人々の営み、ものづくりによって、相互、融通無碍につくられていくものなのです。

風土五訓

一、五感で感受し、六感で磨き、その深さを増す内に秘めたる、地域の個性、地域の誇り、それが　風土なり

一、そこに住む人々の深き思いに、思いの度合いに応じ答えてくれ、他の地の者が、違いを認知すれば、より光る地域の個性、それが風土なり

一、地域の人々の心を豊かに育み、その地の文化の花を咲かせてくれる、風のはばたき、それが風土なり

一、悠久の時の流れで形成され、自己の存在を認識させてくれる外界　自己了解のもと、自己の自由なる形成に向かわせてくれる外界、それが風土なり

一、そこで住む人々とその地が発し、人々の感性をゆり動かす、そこはかとなく漂う、ほのかなゆかしい波動　それが風土なり

「風土」と「職人」とは切っても切れない関係となる。

　そこで「風土がつくる〝職人〟、職人がつくる〝風土〟」という切り口で、金子先生の本を読ませていただくと、「地域性」と「民族性」と「時代性」という3つの視点で考えていかないといかんということを説いておられる。そこで、その「地域性」と「民族性」と「時代性」という3つの視点からものづくりを見るということについて、先生、少しわかりやすく、お話していただけますか。

金子　私たちの日々の暮らしは、さまざまな〝もの〟、すなわち家をはじめ、家具調度、飲食の器、衣服や寝具、信仰用具、

文房具や書籍、遊具や人形などに囲まれ、彩られながら成り立っています。それらは形になって目の前に存在するまでにはいくつもの過程を経ているわけです。このことを正しく理解しておく必要があります。

私たちが子どもの頃には手工という授業があって、木や竹や紙を素材に鋏や小刀や鋸や金槌を使っていろんな〝もの〟をつくりましたね。あれは楽しかった。もちろん絵も描きましたよ。だけど中学へいったら美術という授業で、もっぱら絵の勉強ばかりで、〝もの〟づくりはなかった。そのうえ団体展で賞をとるための絵描きだったり、ヨーロッパの絵描き、それも印象派の絵を学ぶことが主流をなしていたんです。だから日本人はゴッホ、ルノアール、ゴーギャンなど、見ればすぐわかるほどになりました。だけどお隣の韓国や中国はもちろんアジアの絵画についてはまったく教わらないので、わかりません。インドの染め絵（カラム・カリ）やワルリー族の主婦が描いた絵を見ていると、なんだピカソの手本がこんなところにあったのかと思わせられる絵にしばしば出くわします。それから前述のように、人間にとって重要なのは絵だけではない。いや絵よりももっと大切な暮らしの道具が山ほどある。にもかかわらず、その本質や素材の選び方から職人の修練や道具といった、造形活動の基本を何にも教えられてこなかった。これは公教育にたずさわる者の怠慢です。

音楽教育も徹底して偏りっぱなしでした。オルガンやピアノの伴奏でドレミファしか教えないいんです。われわれは日本人なんですよ。雅楽、謡曲、常磐津《ときわづ》、浄瑠璃《じょうるり》、祭り囃子《ばやし》とすばらしい音楽がたくさんあるじゃないですか。中にはその源流が周辺のアジア諸国に溯るものも多かったんですよ。雅楽の笙は東南アジアのケーンが源流です。弦楽器なんか、インドやイランから東西に影響を与えていったのに、バイオリンをはじめ弦楽器はまるでヨーロッパからはじまったみたいな教育は根本的に間違っている。

今こそ従来の偏り多い芸術教育を排して、世界的視野にたった民族を分母にした「造形教育」に改変して、幅広い領域にわたって「見たり、聞いたり、触れたり、味わったり、匂いを嗅いだり」する教育を基本理念として確立する時期です。

竹林　ひとつ一つが思いあたりますね。ここに金子先生のおっしゃる「地域性」の問題が出てくるわけです。

金子　人間誰もが自然の摂理に従って考えかつ行動することが、もっとも理にかなった生き方なんです。〝もの〟をつくるにはまず素材が必要ですが、身近で採取できる素材こそ、細工するにはもっとも向いているんです。木の国の日本を例にとってもわかるように、よく硬い木とか軟かい木といいますが、樫《かし》、楢《なら》、桜、欅《けやき》、栗は硬い方に属し、檜《ひのき》、朴《ほお》、杉、桐、柳は軟らかい方に属します。そのなかから造形する目的に合わせて材を選ぶわけですが、姿が丸く整然とした年輪、芯が中心にあり、木がねじれ曲がらずに傷がないなどが良い条件だそうです。だからといってすべて良材が得られるわけではないだけに、杣人や木材加工する職人はさまざまな木の材質を正しく知って、素材や自分の手に合う道具を選び、親方から長年にわたる厳しい修業を受けて初めて仕事に携わるわけです。

わが国は木材資源が育つにふさわしい環境だけに、多様な木の仕事とともに道具も発達してきました。家をつくる仕事も古代から盛んで、青森県の三内丸山遺跡から発見された住居跡の復元で、すでに縄文時代前期に相当大きな建造物ができたことが証明されています。

竹林　アジアの自然環境はどうですか。

金子　アジアを歩くとまことに変化に富んだ自然環境であることに気づきます。日本のように四季のあるところもあれば、雨季と乾季に分かれる東南アジアや、ヒマラヤに象徴される山岳地帯や、乾燥の砂漠地帯もあります。樹木が育ちにくい砂漠地帯では、木の家は建てられないので、粘土の板をつくり、それを一定の大きさに切り、太陽の強い光にあてて乾燥した日干煉瓦で家をつくるんです。熱風や熱気が室内に入らないように、窓の少ない閉鎖的な構造の家なので、夏は涼しく冬は温かい。またモンゴルをはじめ、西アジア一帯を移動する遊牧民は、組立てに便利な黒い天幕に住む。木の枝で骨を組み外側を羊毛のフェルトで覆い天頂には煙だしの穴をあける。モンゴル語では「ゲル」、中国語では「包《パオ》」と呼んでいますね。

　熱帯雨林の多い東南アジアでは、樹木がよく繁茂するので木造建築が発達しました。同時に水稲耕作をする民族は、種《たね》籾《もみ》を保存するために、湿気の高い地表面から床を離した高床の家を建てます。インドネシアには、大家族居住の豪快な屋根をもつ家が見られます。スマトラのミナンカバウ族は水牛の角を象徴した屋根を空に向かって屹立《きつりつ》させるのが特色です。バタック族は屋根を砂糖椰子の葉で葺《ふ》き、木彫の大きな桁鼻飾りという獅子像を、入口の左右に掲げて魔除けとしているんです。スラウエシのトラジャ族はこれまた鞍形の屋根を屹立させる姿は堂々たるものです。

南インド　草葺き屋根の土間式住居

タイ　アカ族の露台をもつ高床式住居

ミャンマー　網代壁をもつ竹の家

ネパール　ティミーの木の家

ベトナム　ジャライ族の高床式住居

インドネシア　ニアス島の釣鐘型屋根の円形住居

同じ大きくても、雪の降るわが国の合掌づくりとは構造が違うようです。南中国から東南アジア一帯は竹の産地なので、竹の造形が盛んで、あちこちで竹の家を見かけます。集落内で隣近所がお互いに手伝いあって、3、4日で一軒の家を完成させるんです。柱には丸い竹を用い、床は四つ割りにして敷き、壁は細かに裂いて網代《あじろ》に編んで張ります。暑い地域なので、竹のすき間をぬって風が出入りして涼しいし、毎日竹を踏んで暮らしているので健康にもいい。やっぱり自然体で生活することが、健康にもっとも適しているようです。なによりも彼らは裸足で生活しているでしょ。これが最高によろしい。

丹野　古いと切り捨てた〝もの〟のなかに、実に貴重な真実がひそんでいるんだけど。今の人はそれを真剣に考えようとしない。どうしたらいいのかなあ。

金子　そこに「民族性」の問題があるんですよ。人間は必ずいずれかの民族に帰属しているはずなんです。それを忘れちゃ困る。日本だって昔は武蔵とか信濃とか薩摩といったぐあいに、それぞれの地域が独立し、生活様式や方言などでわかるように、民族の違いといっていいほどの特色があった。今だって〝県民性〟という特色が指摘されるくらいですから。明治以降すべてが欧米風に変わったので、日本人は単一だと思い込まされてしまった。これも大きな間違いです。

戦前、沖縄県では、政府や県庁の役人が琉球方言を強制的に廃止して、すべて標準語に変えさせようと企んだ。冗談じゃない。方言こそ地域の宝であり、民族の象徴なんです。それを壊すなんて、とても許されることではない。いつの時代にも役人やインテリと称する連中には怪しいのがいるからね。

じつは現代日本だって単一民族ではないんですよ。北のアイヌ、本州のやまと、南の琉球と少なくとも3つの民族文化圏から成り立っているのが日本です。そのほかに古代以来日本に渡来したり、混血した人たちを含むと、シベリア系、韓国系、中国系、東南アジア系とまさに多民族国家の様相の深さが増すし、人間としての厚みとか心の豊かさも出てくる。東北や九州を歩いてみると、今までの日本歴史には登場しない、独特の生活文化が存在し、伝承されてきたことがわかるんですよ。単一民族だけで今日までできたとは思えないし、それじゃ民族としての逞《たくま》しさや発展もあり得なかった。

丹野　北と南では同じ日本とは思えないほど、〝もの〟にも祭りにも特色がありますね。まさに多民族国家と考えるのが自然でしょうね。

金子　日本における美術、工芸、建築、芸能、音楽に関する公教育に携わる人たちは根本的な間違いを犯しつづけてきた。

私は、アジアを歩いて、いろいろなものに巡り会いました。衣服だって民族によって形・色・模様がまったく違うんですよ。タイのアカ族は既婚、未婚で帽子の形が違うし、カレン族のミスは白のワンピース、ミセスは色もののワンピースを着ます。アジアに何千と民族がいますが、同じ衣服は一つもないんです。これをつくった女性の知恵はすごいと思った。そういう点で女性を尊敬します。暮らしに密着した実績をもつ女性には、もう最敬礼ですよ。

私たちがかつて習った美術という教科では、ヨーロッパの絵画様式に基準を置いてきましたが、今日グローバリゼーションなんていっている時代には、そんな様式論だけで教育しているのは間違いですね。絵を例にとっても、基準なんてないんです。これが基準で、これに合わないものは遅れているなんて、とんでもない。ヨーロッパの絵が優れて、インドやイランの絵が遅れているなんて誰が決めたんですか。それぞれに長年積み上げてきた民族独自の特色があるんですよ。

丹野　欧米流の考え方が根にあるからですね。

金子　〝もの〟の本質は何か。だからアジアで巡りあった〝もの〟を見るとき、国よりもそれを構成している民族に焦点を合わせることが重要です。彼らがどういう生活をしているか、それを選んで自由に使いこなす消費者の賢こさの総合ですよ。人間国宝だとか、大学教授とか、団体展の審査員といったつまらない肩書きに惑わされてはなりませんよ。素材、技法、道具、腕を磨いた職人と、それを正しく使いこなす消費者、そこにこそ価値があるんですよ。

〝もの〟や〝文化〟を考えるには、その土地の自然環境が第一条件です。日本や韓国や中国のように春夏秋冬がはっきりしている所だと、夏服や冬服に合い着ぐらいもってますよ。ところが、インドネシアのような赤道直下の国では、夏服だけで冬服はいらないんです。暑いから靴下や靴も履かないで、素足かサンダル履きが健康的ですよ。白人がやってきて、「靴を履いていないから遅れている」と言ったわけでしょう。冗談じゃない。みなさんだって、夏、うちへ帰ったら、家の中で靴下をはいてますか。家へ帰ったら私だって素足です。

竹林　革靴を履くから仕方なく靴下をはいているわけです。

金子　そうでしょう。〝仕方なく〟という理由があるんですよ。赤道直下の人たちは、履く必要がないのです。それを、あの人たちは靴も履けない、靴下もはけないような哀れな民族だと、間違った論理を教えてきたんです。

地域が変われば生活様式は違うんだという認識が大事で、これが「地域性」です。

自然を神と仰ぐ思想と職人の心

金子　それからもうひとつ、時代の背景が変われば生活様式も変化します。それが

「時代性」です。姫路城や熊本城をはじめ、日本の古い城は美しいですね。現代日本では城郭を構える必然性はないですね。だけど、戦乱の鎌倉以降には攻防に都合のよい山城を構えた。その際も、城は武士の心意気と、都市景観の重要な条件にもなった。平和な江戸時代に入るに従って山から平地へおりてくると、城は戦争の拠点というより、武家政治の拠点としての性格が強まり、地域社会の中で最も造形的に美しいシンボル的なものに変わっていくんです。

つまり、ものづくりも、「地域」と「民族」という横軸と「時代」という縦軸でとらえる必要と、そこに職人が果たした役割の重要さが浮かび上がってくる。

衣服を例にとると、ズボンとスカートにも重大な謎がひそんでいるんです。農耕中に尿意をもよおしたとき、家に帰るゆとりはないんですよ。スカートなら、そのまま用をすませることができる。そういうところにスカート文化は発達したんです。

ラクダやロバに乗って移動生活をする遊牧民は、モンペのようにだぶだぶなズボンをはきます。これをトルコ語で「シャルワール」と言います。砂漠とか草原地帯での生活特性から出てきます。このシャルワールがヨーロッパへ行って「ズボン」という言葉になったのか、日本人の命名なのか語源はいまだにわかりません。だから、ヨーロッパ人は遊牧民の影響を色濃く受けたことになります。

そう考えると、農耕という生産様式から生まれたスカートは重要な装飾性の濃いファッションの一つであるけれども、実は地域の生活に深く結びついてつくられてきたことになる。「地域性」「民族性」「時代性」という三大要素です。

もうひとつ、私たちが学生時代に習いました「ethnology」（民族学）はオーストリア学派でした。そこでは人間の生活文化を〝物質文明〟と〝精神文明〟を分けてきました。だがアジアではそんな単純な解釈はできません。〝もの〟の奥には、森林資源を恵んでくれた自然を神と仰ぐ思想があり、さらに職人の心の深さが秘められているからです。だからこの西欧民族学のように〝もの〟と〝心〟を分けることには賛成できないんです。

竹林　表裏一体です。

金子　さっき言った、江戸の手仕事には職人の〝魂〟を感じるんですよ。だからこそ、胸を打つんですよ。一つの〝もの〟をどうして物質と精神とに分けるんですか。人間だって肉体に心もあるじゃないですか。ヨーロッパの学問体系を、無批判に受け入れてきた過去の日本の学問も改めなくちゃいけないし、日本を含むアジアに立脚した学説がもっと世界に普遍してもよいはずですよ。優れた人と造形文化がありますからね。

竹林先生のやってこられた土木工学だって、ヨーロッパから来た学問だけれども、アジアにも古代以来優れた天文学や医学だって、土木工法もあるんですね。いきすぎた近代化で一頓坐《とんざ》した日本人は、環境や心豊かな暮らしぶりを壊さない新しい都市づくりや、国づくりをスタートさせて欲しいですね。竹林先生の〈風土工学序説〉を読まさせていただくと、地域の歴史や先人の仕事を模範に土木事業を進めよといっておられることを強く感じました。

ルーツを問い直すこと

竹林　金子先生の民族造形で説いておられる「民族性」と「地域性」と「時代性」の3要素については、和辻哲郎が人間存在の風土の構造で説いておられる三超越四要素そのものなのですね。すなわち、「民族性」にあたるものが和辻による第一超越、個人的孤立と社会的合一という複合、社会的構造にあたる。「地域性」にあたるものが、第二超越、風土において己を見出す空間的構造であり、「時代背景」にあたるものが、第三超越で歴史においてこ己を見出す時間的構造にあたる。

さらに、同じことをオギュスタン・ベルグは和辻の「超越」の代わりに「通態性」という概念を導入した。「通態性」の概念は、①自然的─文化的、②主観的─客観的、③集団的─個人的という3つの二次元的対立を3つながら両立不可能なものとしてではなく、むしろそれらを「相互の交流・媒介の場」においてとらえるべく考えられた概念ですね。和辻の三超越の概念が「相互交流・媒介の場」に着目したのに対し、オギュスタン・ベルグの通態性の概念は次元的対立と見えるものの中の両立性の構造について、その着目点の相違に基づくもので、その底に流れるものは同じ概念と見てよいということでしょう。

金子　和辻哲郎の説に対比していただいて光栄です。明治の文明開化の波に乗って、西欧から新しい息吹を感じとろうと文学青年や絵描きが出掛けていった。学んだ人と付き合っているうちに、何かに突き当たる。そういった人たちは必ずといっていいくらい東洋や日本に回帰している。横光利一の『旅愁』や大佛次郎の『帰郷』にもそれが感じられる。和辻も西欧哲学を学んだ後に大和を歩いて書いた『古寺巡礼』は、当時の日本人に大きな感銘を与えた。それらは自らの足で歩いた経験と、深い感慨が文章の奥に秘められているからでしょ。『風土』も名文です。アジア人の文化特性を自然環境の相違によって、モンスーン地帯や砂漠地帯で違う点を指摘しているのは見事。ですが、前者に比べるとその表現方法は一昔前の西欧直訳調というか、やはり書斎で考え出した回りくどい理論という印象が強いですね。自分の足で歩いたうえでの現地体験を元にした私の考えとは根本的な違いを感じます。その点ではベルクも同じです。

丹野　さっき竹林先生もおっしゃったように、ヨーロッパはまずバラバラにして組み立て直すという合理性。これは音楽の面でも出ていますね。

亡くなった芸大の小泉文夫先生とご一緒に、民族音楽とか民族楽器に関して活動した経験から言いますと、ヨーロッパの音楽は七音階、アジアの音楽の基礎は五音階です。この五音階の民族と、七音階の民族という切り口で地球を分けると、面白いことがわかるんです。ポーランドやハンガリアンダンスは東洋のリズムですね。それからジプシー音楽なんかも東洋のリズムなんです。だから、日本人がツゴイネルワイゼンを聞いてジーンとくるというのは、まさにジプシー音楽のルーツがアジアにあるせいでしょうね。

エスキモーからアメリカインディアン

を通じて中南米音楽も全部五音階です。その五音階のルーツはモンゴリアンです。さらにそのルーツはインドあたりかもしれないが……、そういう五音階の民族か七音階の民族かという切り口や、騎馬民族か農耕民族かという切り口、あるいは金子先生のおっしゃる「地域性」なり「時代性」などを加えて、民族の文化的特性は複雑さを包含して必ず残っています。それも、ヨーロッパの中でもアジア的なものが、逆に仏像に古代ギリシャやオリエント彫刻の影響が残っているように、いろんな要素を含めたくさん残っているんですね。

これから二一世紀という新しい世紀に何が生まれてくるかといったときに、われわれアジア人は、アジアの文化というものをもっと胸を張ってヨーロッパ人に対し主張すべきです。これは、「ノー」と言われるか「イエス」と言われるか別にして、われわれの文化だ。ところが、日本人というのは、向こうから来るものはすべて欧米の文化だと思っているわけですね。さっき言ったインテリアとか、浮世絵の影響とか、繰り返しになるが、そういうものの「ルーツは何か」ということを問い直すことが大切だと思います。

それとともに、われわれ日本人は単一民族ではなく、いろんな民族、文化の寄せ集めで強靱な独自文化をつくりあげているのだということを自覚する必要があります。単一民族ではないんだということを言ってこなかった日本の歴史教育に問題があるし、そのことはアジアに関しても、中国には五五〜六、インドネシアには百いくつとかの少数民族がいることなんて、そんなこと自体日本人は思ってもいないし、インドネシアは一国だと思っている。言葉も一つで全部通じると思っている。これも教育の問題ですね。

かつて、ある言語学者が「民族を統一するというのは言葉の統一だ」ということを、一つの学説として言っていましたね。ところが、いま言ったように、インドだってあれだけ言葉が違うでしょう。中国だって北京語と上海語は違うんだものね。だから、北京の人と上海の人とでは中国人同士で通訳がついているんだもの。そんなこと、日本人には信じられないじゃないですか。

そういう風に、アジアの民族は非常に多く多様で、それを学ぶことは、原点を知ることだと思います。金子先生がおっしゃったように、シルクーロード沿いの砂漠の中で木造住宅を建てようといっても、建つわけにいかないんだから。それを、西洋の文化は進んでいて、こっちが遅れているというんだったら、砂漠のなかでヨーロッパなんか、みんな滅んでしまいます。

その地域における文化を大切にする心を抜きにして征服するような、いわゆるアングロサクソンの植民地政策は今日も変わっていない。アメリカやイギリスの戦略の手のひらの上に乗っかるような政策で、日本がガチャガチャにやられているんだということ自体に気がついていない人があまりにも多い。そのことが問題だと思うのですよ。

ここで発想の転換をしないと、次の子供たちの時代にどうなるのかというのは、ほんとうに心配です。われわれはアジア人として、日本人としてもっと胸を張っていろんなことを世界に向かって発信すること。しかも、その中で日本人に何ができるか、中国人に何ができるか、インド人に何ができるかということを互いに評価し合うというか、心を見合うことが必要なんじゃないかと思うんです。

アメリカの都合でこうだ、日本の都合でこうだという、いまの日本人の狭い「わが社が儲かれば他社はどうでもいい」みたいな、そういう根性が私は非常に嫌いなんですね。

金子　いまの音楽の話は実に面白いですね。私たちが子供の頃から習ってきた音楽はもっぱら、ピアノとオルガンの伴奏で〝ドレミファ〟しか教わらなかった。日本の伝統音楽やアジアの民族音楽も出てこなかった。日本のリズムは主に二拍子でしょう。だけど土地によっては三拍子もありますね。日本の拍子の原型は大きく3つに分かれると思います。

一つは水稲耕作、田植えを基本とする民族。もう一つは漁をする民族。それともう一つは馬に乗る牧畜民族です。農耕民のリズムは腰を曲げて苗を植える、前後に動作する静かなリズムですよ。ところが、漁師は「エッサ、エッサ」と大海に舟を漕ぎ出して波にのる拍子、沖縄の糸満の漁師たちが得意とするカチャーシーは波乗りのスウィング感が強い。

私は神奈川です。馬子が「箱根八里はヨーォ」と歌うでしょう。いつだったかモンゴル留学生の歓迎会でこれを歌ったら、手を叩いて「オルティンドー」だと言いました。これが日本に入って「追分節」になったんですね。追分節は蒙古の騎馬民族の拍子なんですよ。

そう考えると、船乗りは千石船や北前船で日本中に米を運んでいたでしょう。だから、

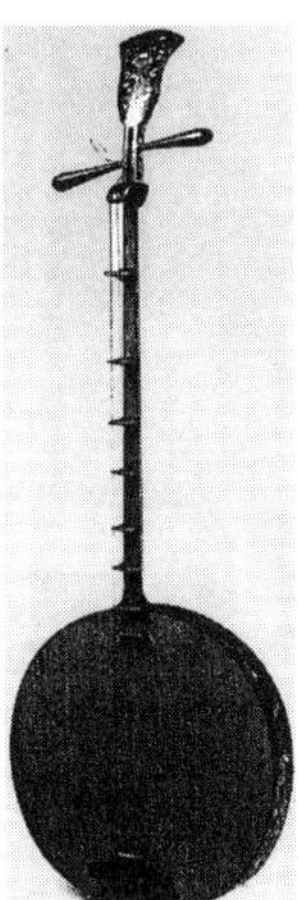

ベトナム　月琴
（ダン　グェット）

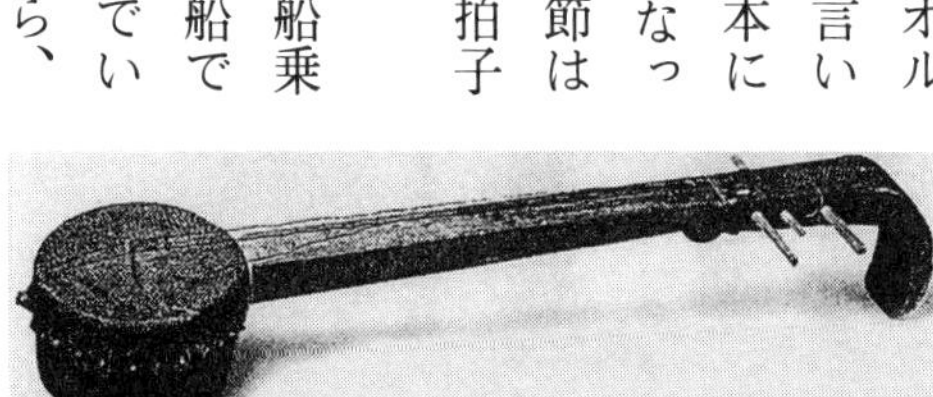

タイ，アカ族　弦楽器

船乗りの歌が、各地の港町の料亭で、芸者が歌っていたのが、各地に伝播しているわけですよ。歌がない土地なのに、船の着くところだけにこの歌があるんですね。これも一つの「地域性」の現れでしょう。

風土がつくる職人　「匠」と「手人」

金子　〝もの〟をつくって日々の暮らしを豊かにしてくれた人たちを古くから「匠《たくみ》」「手人《てびと》」と呼んできました。奈良時代の文献に出てくる、「手人」とは、大工、瓦、左官、石工、経師、彫師、絵師などの職人ですよね。そういう職人の腕前をよく認識して建築物の全体像を統括できる人を「匠」と呼んでいたらしいんですね。江戸時代の棟梁です。

いまの総合プロデューサーよりはるかに格の高い存在で、一級の手人を集めて、寺院や宮廷や豪族の邸宅づくりを担当した。今日、世界遺産に指定された法隆寺も、当時最高の職人たちの技と英知の限りをつくして完成したものです。それが各地に見られる豪快な民家づくりへとつながったと思うんですね。

箱ものである建物ができると、そこに

住む人々が暮らしに用いる家具や調度や什器《じゅうき》をつくるようになるんです。たとえば、女性の頭にさす簪《かんざし》や、櫛《くし》や、笄《こうがい》などを細工する職人も出てくるし、身を装う布を織り、染め、刺繍し、それを着物に仕立てる多様な職人が出きてきた。それから、台所の、竈《かまど》をはじめ、それに掛ける釜や鍋、杓子、箸、飯碗、汁椀、小皿、徳利、土瓶など焼く陶工も出てきた。彼らは長年、親や親方の元で徹底的に修業し、試行錯誤を重ねながら、「もうこれに仕事をやらせても間違いない」という段階にならなければ、親方が独立を認めなかったという厳しさもあったんですね。

つくり手がつくる風土

竹林　土木がものづくりの中で最も風土を規制します。その意味で土木技術者は風土をつくる職人でなければなりません。風土をつくる匠であり「手人」でなくてはなりません。

人に個性があるように、その地の風土にも強烈な個性があります。人には人なりにプライドがあるように、その地の風土にも個性に見合ったプライドがある。その地の風土の個性はしばしば隠れていますが、感性を磨き、その地の歴史や文化をよく知れば、隠れているものが見えてくる。また、その地のプライドはしばしば傷つけられ泣いている。しかし、感性を磨けば磨くほど、その度合いに応じて地域の個性が輝いていることがわかるから不思議です。まず大切なことは、地域の人々がその個性に気づき育てることで、その育てることが地域愛です。

土木はその地の大地を彫刻する彫刻家です。そして、大地の彫刻家としての土木技術や風土工学の要件は素材です。その地の個性をどれだけ活かすかであり、その個性に合った活躍の場をどれだけ与えるかで、そのような意図、思いが、私をこれからの新しい土木工学の大系として風土工学の構築へと導いてくれました。

ここで、風土工学とは耳慣れない言葉で、一体どのような工学なのだろうかというところがあろうと思いますので、簡単にその概要を紹介させていただきます。土木工学はエンジニアリングです。風土文化とは一番縁遠い存在のように思われますが、この2つのものを合体する工学手法なのです。その地の風土文化とハーモニーする土木施設をつくるものづくりの実学です。工学という限り、数学とかコンピューターの支援を受ける方法論です。まず工学になるということのヒントになったのが、感性を分析しながら感性にフィットするものづくりの実学として感性工学があります。感性工学とは、感性の形容詞を数値化して感性に合う商品を開発しようとする工学です。

一方、地域の個性を数値化する風土分析という手法があります。さらに、人がどのようにものごとを認知するかを分析する認知科学の発展も、近年著しいものがあります。

風土工学とは、その地の風土・文化・歴史などを徹底的に調べあげ、それらを先に述べた分析手法によりコンピューターで処理し、その地の風土ならではの個性豊かにして、誇りうる土木施設をデザインして見せようとするものです。従来の土木工学の設計対象は有形なる土木構造物でしたが、風土工学はそれを前提とし、さらにそれらを取り巻く心象風土、意味空間、イメージなどの無形なるものも同時に設計しようとするものなのです。土木工学は物理的機能「用」と丈夫で長持ち「強」とを経済的合理性、すなわち経済効果を追求してつくろうとするものでした。風土工学の目的函数は、土木工学の「用」と「強」の具備されたものに、風土との調和の「美」をも加えようとするものであり、良好風土の形成がその目的なのです。つまり、風土工学とは、誇り意識が持てる地域風土をつくろうとするものなのです。「用」と「強」しか追求しなければ、それらの経済効果しか実現しません。良好風土をつくろうとすれば、既存学問分野としては、その地の地理、歴史、文化とともにそれらを有機的

- 社会基盤施設づくりということで、土木工学。
- 地域の風土を知らなければいけないということから、地理学（人文と自然）、および歴史学（主として郷土史）よりなる風土学。
- 地域の心理特性を扱う心理学。
- 美しさの追求ということで、美学、およびものの本質は何かということの追求としての哲学。
- 頭脳でどのように考えるかということで、最近発展が著しい認知科学。
- ものづくりの工学として支援するコンピュータ技術情報工学など。

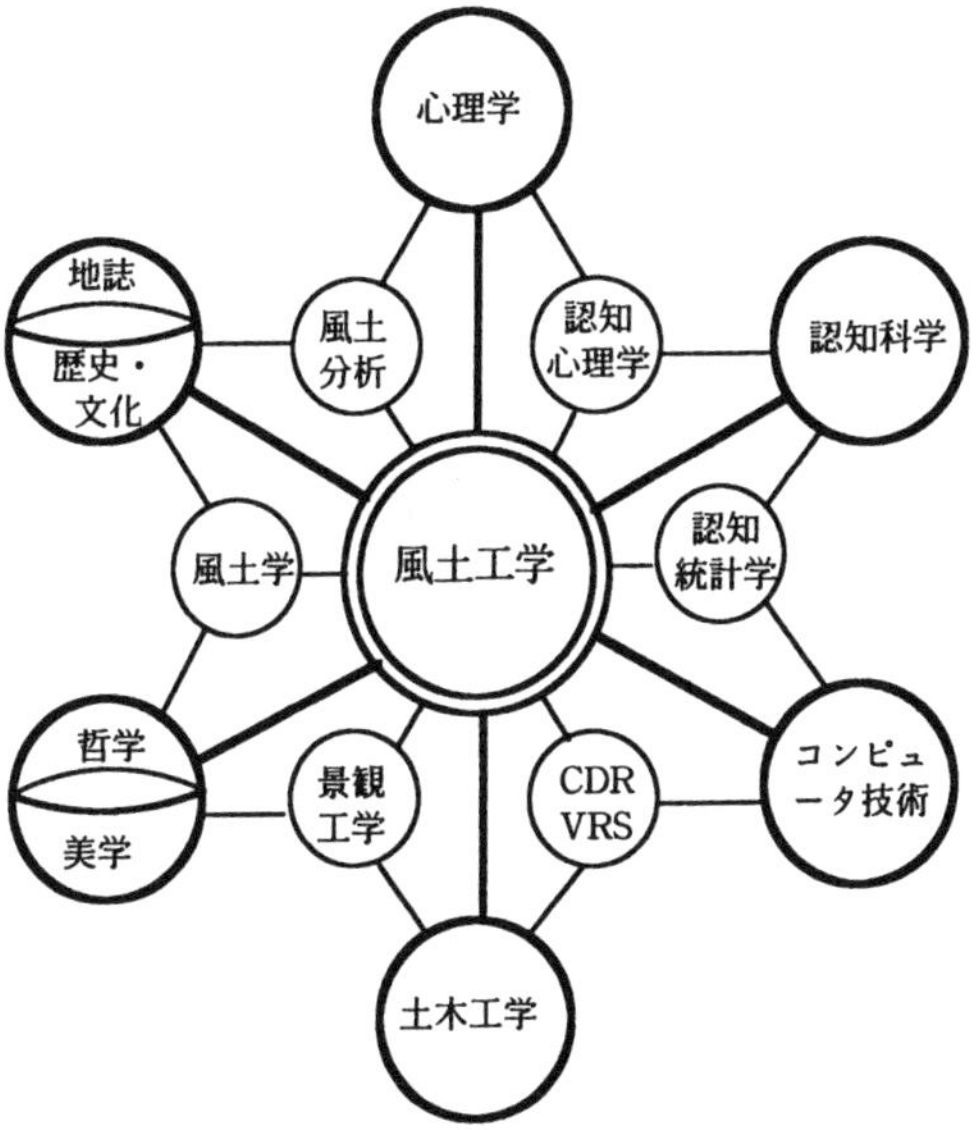

風土工学基本六学

に美しく構築するための知恵として哲学、美学などを総動員しなければなりません。今までは文科と理科を分けて追求してきましたが、風土工学はそうじゃない。文科と理科両方をドッキングして1＋1以上の効果、すなわち文理シナジー効果をつくろうとするものなのです。すでに全国何カ所かで風土工学を適用し、展開しております。それらの各地で高い評価を得ており、さらに大きく発展させていきたいと思っております。また、一昨年度より日本感性工学会が発足し、その一分野として風土工学研究部会が学会活動を開始しております。

真の文化をつくる〝職人〟

職人と芸術家と技術者—〝術〟と〝技〟

竹林　もうひとつ、金子先生に芸術の「術」と「道」との違いについて伺いたいと思います。

金子　嘉納治五郎先生は、「術」は間違いで「道」であるといっていますね。それで「柔術」から「柔道」が生まれたわけですね。剣道も徳川時代には「剣術」と言っていました。ところが、明治以降「剣道」に変わりました。「茶道」も「華道」も形と心の道でしょう。

そして、卑近な言葉に「道を極《きわ》める」というのがありますね。「術を極める」

とは言わないです。「術」という言葉はたくさんありますよ。時代によって必要だったのでしょう。たとえば、忍術、魔術、奇術（手品）、妖術、幻術、これらは全部、人をだますという意味ですよね。最近は「算術」、昔は「医は仁術なり」と言ったけれども、このごろは「医は算術である」と本に書いてあった（笑）。そうなっちゃいけない。あれも「医術」ではなくて「医道」への心構えが大切ですね。

「道」というのは何だろうか。道って長いんですよ。道って、終点はあるんですかね。ようするに、一つの道を極めるということ、茶の湯とか数奇《すき》と読んでいた武家の間の喫茶法も一七世紀には茶道となったでしょう。一人ではなし得ないということ。もう親方から子方、子方から孫方へと一つの道を、倦《う》まず弛《たゆ》まず刻苦勉励《こっくべんれい》をすることによって、極められると思います。そうすると「職人道」というものも、そんな一代で完成するなんてもんじゃないだろうと思いますね。

竹林　技術と芸術について考えてみると、技と芸もともに〝わざ〟という意味なのですね。そして術は〝みち〟〝すべ〟ですね。

〝わざ〟という言葉を表意文字で表せば「工」「技」「芸」「藝」などの文字がある。それぞれの意味を考えると、「工」

とは、上と下の横線「二」は天地であり、真中の縦線は「｜」は人である。人が天地の気を受けて規矩《きく》あるということである。したがって工学とは、〝わざをまなぶ〟実学なのです。「技」とは、手を巧みに用いることであり、「藝」は良い種を植えつけるという意味だが、「芸」になると芽を摘むという反対の意味になる。

一方、金子先生がご指摘のように2つのすべ・みち〈術と道〉が問題なのですね。

「術」は「行」「ホ」の会意文字であり、「行」は十字路を意味し、「ホ」は呪霊をもって行くので怪しさがただよう。一方、「道」は、「首」「辶」との会意文字で、首をたずさえて外地に赴《おもむ》く携行の儀式で、人が安んじて行く所なので、精神のやすらぎを得るということだそうです。したがって、芸術だと芽を摘み取ってしまう

種を植えつけ大切に育てる

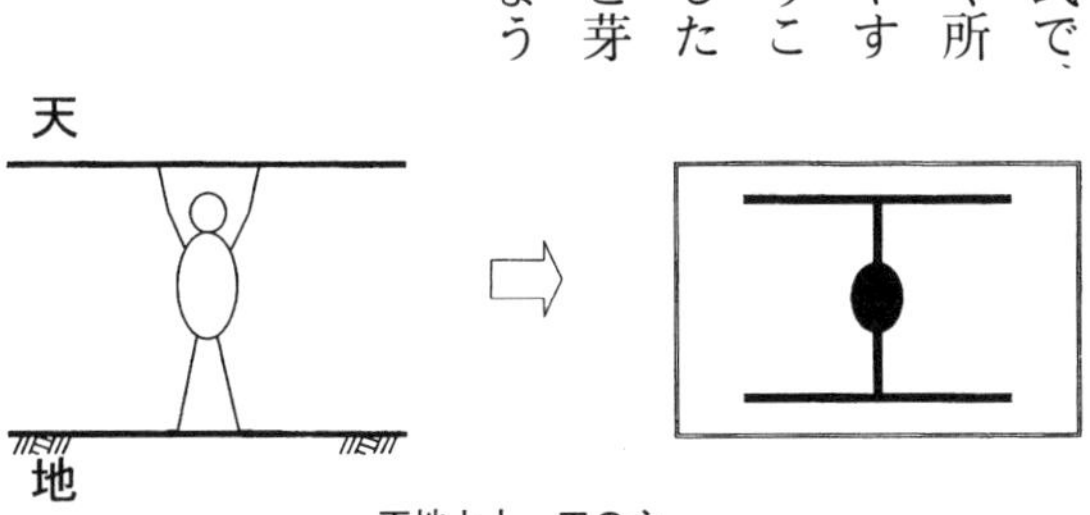

天地と人、工の心

ので、文化がおかしくなるが、藝道となれば、良い種を植えつけるので時間とともに文化の花が開くこととなる。また、今求められているのは技術ではなく、技道である。すなわち、職人の道ということになると思います。

芸術と造形、虚と実

金子　明治の初めにヨーロッパから入ってきた「ART」ここに重大な過ちがあった。すべての〝ものづくり〟を包含する「造形」のもとに芸術を位置づけるべきでした。もう一度、考え直す必要があるだろうと思いますね。

竹林　芸術ですね。

金子　では、「ART」というのは、ヨーロッパで一体どう使われていたかということ、その前のラテン語では「ARS」なんですね。このARSという言葉を調べますと、実はものをつくるという意味だったんですね。のちに、ものをつくることを意味する英語の「technology」につながるんです。そうなると、「ART」は明治期に「造形」と翻訳すべきだったんですね。「造形」と翻訳しないで「芸術」と翻訳したのが大きな間違い。「A

RT」「美術」に対比して「CRAFT」「工芸」となり、両者を「美術工芸」とした。そして、その美術工芸の授業を聞いていると、美術とは絵画と彫刻であり、工芸というのは陶磁器とか織物、染物、建具や家具といった暮らしの実用品で、そして、装飾品である絵画とか彫刻は高級で、実用品は低い〝もの〟といった風潮ができあがってしまった。

「ART & CRAFT」は横文字だから上下の関係はないですね。

丹野　「工芸美術」とは、書かないね。

金子　「美術工芸」と、位置からして美術が上に書いてあるから。そういうふうに単純なんですよ。だから「美術が上で工芸が下だ」と思わせちゃった。何月何日、誰がと言われたってわかんないですよ。学校の先生からそう教わった。そんな無責任な発想に僕は疑問を感じたわけです。

学問というのは日進月歩。旧来の間違い多きものは〝悔《く》い改めるに憚《はばか》ること勿《なか》れ〟ということで、過去の間違ったものは改めて新しいものをどんどんつくっていく。これなら世の中は進歩すると思うんですがね。

悪しきものを改めて善きものをつくろうという、人間本来の素直な感情を失ったら、人間社会は真っ暗闇になると思うんです。そういうことを考えますと、私は、このへんでヨーロッパ一辺倒の教育体制に終止符をうちたいと思います。かつて、私の友人で東京芸大の教授が研究所に来たときに、『お前、このごろ何やってんだ』と聞くから、インドの絵を見せた。彼は見た瞬間、『あー、未開美術だね』と言ったんですよ。僕はすぐ『未開なのはお前の頭だ』と言い返した。『哀れだね、東京芸大ってのはお前みたいな視野の狭いのに教わっているんじゃ、学生は伸びられないね』と言ったことがあるんです。

自分はヨーロッパの影響しか受けていないという視野の狭さが認識できないんですよ。ようするに、自分の体にストックされている情報の中にこの絵は入っていない。自分の脳裏に入っていないものだからどうせろくでもないもんだという見方。これではだめです。

やはり絵の世界でも、インドのワルリー画、インドネシアの絵説きワヤン、韓国の風景画、メキシコのブリキ絵、エチオピアのコプト画、いいものはいいんですよ。そういう客観的で視野の広い見方ができない。特に悲しいのは、日本の美術館を見てごらんなさい。馬鹿みたいに後期印象派の絵だけが高級だと……。だから、フランス人にだまされて二〇億円だ三〇億円だと買って、なかには偽物があると新聞に書かれるようなことになるんです。

ピカソのルーツにインドの民族画

金子　ピカソの描いたアブストラクティブな絵というのは、アフリカ美術の影響と言われています。インドへ行ったら不思議な人物や動物を描いた絵がたくさんあるんです。そういう絵に魅せられて入手しました。要するにピカソというのは〝勘〟が良かった。誰も気づいていない地域や多様な造形活動に目を向けて、ヒントを得ている。日本で有名な版画家の棟方志功独特の女性像を見ていると、イランの一二、三世紀のミナイ手と呼ばれる陶器に描かれている女性像が彷彿としてくるんですよ。

竹林　棟方志功もピカソと一緒で、後でわかったわけだが、ほんま物ルーツはアジア、南米、アフリカ。

金子　タヒチの女の絵を描いて有名になったゴーギャンは、父と昔に住んだ南米での経験が大きい。ようするに、みんながヨーロッパと言っているときに、非ヨーロッパ世界に素材を得れば、誰だって新鮮だと思うじゃないですか。そういう異質なものにさっと飛びつく感覚のよさがあるんですよ。やはり視野の広さが重要ですね。丹野先生が言われた浮世絵を学んだヨーロッパ人のケースもそうです。

手で考え、目で思い、足で認める〝ものづくり〟

ものづくりは手順が大切

金子　職人の仕事で一番重要なものは何かというと、一つのことを倦《う》まず弛《たゆ》まず続けていく努力と情熱です。そして移り変わる時代の要求に応えて、新たに〝ものづくり〟に取り組むときには、試行錯誤を重ね実験を繰り返しながら、〝ものづくり〟に励むひたむきな心です。しかし、試作の段階の〝もの〟はけして人に見せもしなければ売りもしない。確かめて確かめて、これなら間違いないという段階に達したときに発表する。

それはなぜか。〝もの〟は基本的には

暮らしに使うもの。これを使ってくれる人が怪我《けが》はしないか、使いにくくないか。箪笥ならばガタガタして着物の出し入れに困るようなことはないかなどを十分に吟味するから、職人の仕事には信頼が寄せられた。ところが、現代は消費者のニーズは二の次、「俺が儲かれば」という不誠実さばかりが目立つ。欲ぼけというか、悪い面が目立つ。公害商品が多い。

丹野先生がこよなく愛す江戸職人の仕事は、まさに良き模範で、仕事の手抜きなどまったくない。日本人の心の現れだから魅力を感じる。エトランゼも、これに最大の評価を贈るんじゃないでしょうか。

竹林　いま金子先生から、倦まず弛まず、必ず受け継ぐんだという話があったんですが、まさにものづくりの知恵といいますか、「手で考え、目でいいものをつくろうと思い、足で資料もいっぱい集め」というようなものづくりの姿勢が、実際に行動しながらものづくりをしていく過程ではいちばん大切ですね。できてきたものよりも、その過程のほうが大切ですね。

〝個の独創〟〝群の創造〟

竹林　ということだろうと思うんです。金子先生は、アジアの民族造形を何十年にわたって現地調査を行い、ご自身の目でものを選び、自分で考えて評価されてこられていますが、そういう過程が何よりもいちばん大切だなと思います。先生がやってこられたことを見ると、まさにそういう感じがするんですね。私の追求する風土工学では、ものづくりは経済効果という結果を追求するのではなく、その地をよく「知」れば、その地を「敬」うことになり、その過程プロセスを十分に踏むことにより自らその地の風土に「馴」染むことになり、良好風土の形成という結果が生まれるということです。

そこで、ものづくりとは何か。画期的などのような発明もそのルーツを調べれば、誰か一人の独創の種からはじまっています。その個の独創を大きく育てものとして実現するには、共感する人の輪が広がり協力者の関係ができ、大きなものが実現していく。これからのものづくりの本髄は、「個の独創」を大切に評価し、「群の創造」を図るということなのです。

しかも自分一人では何もできない。自分は歴史のなかのある部分で、誰かから学んで、また誰かにつないでいく。「個の仕事」というか、誰かがつながないといけない。そしてみんなで伝えていくという「個の独創」より「群の創造」というんですかね、最近は、そういう視点を忘れているような感じがします。さっき丹野先生も言われた、ヨーロッパのものが何でもいいと無意識に受け入れるけれども、よく考えたら、そのルーツは日本だったりしてね。そういう視点が忘れられているような感じがありますね。

金子　職人のすばらしさは、地域の特色すなわち自然環境を実によく熟知している点です。自然環境の数多くの恵みのなかから素材を選ばなくちゃいけないので、まず「これをつくってくれ」と注文を受けますね。これは木か、竹か、藁《わら》か、石を使うべきか考えなくちゃいけない。

たとえば、果物を入れて運ぶ籠ならば、相当量が入ると重くなるので、軽い素材がいい。じゃ、木よりも竹がよいだろうと決まる。竹の縦に裂け柔らかくしなるという性質を利用する。しかも竹は、伐っても来年またシュートが出てくるので、資源の枯渇には繋がらないんです。

この竹も伐るシーズンがあるんですよ。皆さん、商店街で夏の中元売り出しで安物の団扇をもらった経験があるでしょう。だけど使っていると、柄のところから白い粉が出てきて折れちゃうんです。中が虫食いだからです。竹は春から夏にかけ伐ったらだめなんです。竹は一一月から翌年二月の末日までに伐らなくちゃいけない。なぜか。春の訪れとともに植物は育つために勢いよく水を吸います。冬の寒い間の活動停止の時期に伐ったものならば虫食いにならないんです。そういうことをきちっと知っている職人でなければ良い団扇はできないんですよ。たかが団扇ではないんです。

さすがといわれる竹の仕事をするにも、何年物がいいか、素材の性質を正しく知って用いてこそ良い仕事が生まれる。関東地方では房州の平柄の団扇と越生《おごせ》の丸柄の団扇が名品でした。

絹の着物をつくるには、大変な手間がかかる。まず蚕を育てることから始めるんです。蚕には桑の葉が必要で、春秋の葉をとって蚕にやらなければいい繭がとれない。健やかに繭が育てば光沢のある軽くしなやかな絹がとれるんです。蚕には野生の天蚕と四～五千年前に始まった人工飼育の家蚕がいます。天蚕を日本では「ヤママユ」と呼び、古代から麗人の身をやさしく包んできたんです。今では、長野県や与那国島などわずかになった。シルクロードの起点の中国では柞蚕《さくさん》。すごいのはインドで、ムガとかエリ蚕からとれるタサール・シルクは最高の質を持つ絹です。その糸で織った布は茶と黄のマンダラで、すごい輝きに私は魅了されてるんです。絹布は紫外線から身を守り、湿度や温度に合わせて体温を調節する性質を持っている。着て軽く、ショックにも強く、燃えにくいとなれば、まさに絹は繊維の王様ですよ。こんな偉大な絹を生み出す自然を、とくに蚕の桑畑が開発で荒らされないようにすることが重要です。

古代以来用いた手漉《す》きの素材には、雁《がん》皮《ぴ》や楮《こうぞ》や三椏《みつまた》があります。楮や三椏もシュートがでます。これは葉ではなく茎を使うんですが、伐っても来年またシュートが出てくる。これも資源が枯渇することのない貴重な素材です。

漆も山野にいくらでも自生していました。ところが、開発ブームで里山がすっかり壊されてしまいましたね。そのために天然資源がなくなってしまった。ここには漆がある、桑や楮がある。それをまとめて国や県の農業試験場が、きちっとした対策を立てていれば、大切な資源を枯渇させることはなかったんですがね。

バブル時代の開発事業者は、土地の重要な造形用の資源を枯渇させない方法をとるべきだった。遺跡保存と同じように建設業者が費用を出し、その仕事に協力したら、建設業界は高い評価を受けただろうと思います。あの企業は伝統文化の育成を考えてやっていると。そういう企業は栄えると思うんですがね。

〝かたち〟をつくる二つのアプローチ

竹林　〝かたち〟をつくるには2つのアプローチがあります。一つはOutからInへのアプローチです。すなわち、「か」は仮であり、その仮に「た」を付け加えれば「かた」(型)となる。「かた」とは、①事があった後に残り、それがあったと知られる印。「あとかた」。②占いの際に現れる印。「うらかた」。③貸した印としてとったもの。「抵当」。④形をつくり出すもととなる鋳型、紙型、「型」、などですが、すべて中身は空っぽです。すなわち「虚」で、その「虚」な「かた」に「ち」を加える。すなわち、「ち」とは、①古代から自然物に潜む威力・霊的な力。「霊」「ち」。②目に見えぬ生命力の働きが「ち」には備わっている。「いのち」の「ち」であり、「血」の「ち」に通じ、「ちから」の「ち」ともなる。すなわち「ち」を加えるとは心を入れてやる。すると「かたち」ができる。すなわち、美しいものができあがる。

型枠で		「いのち」		「血」の		「値」「ち」
つくられた	＋		＝	かよう	−	
土木構造物		の「ち」		「かたち」		が備わる

風土工学がめざす「かたち」

心が備わるものづくり Out から In へのアプローチ →	← 「かたちづくり」の心 In から Out へのアプローチ

「か」＋た→「かた」＋ち →か た ち← か ＋たち←た＋「ち」

「仮」→「型枠」＋「心」→美の誕生←「外枠」＋「性質」←「心」

風土工学がめざすかたちづくり

もう一つのアプローチは、ＩｎからＯｕｔへのものづくりです。まず良いものをつくりたいとの意図。すなわち「心」「ち」があって、「ち」に「た」をつければ「たち」（性質）。すなわち性質が備わる。そのたちに外枠《がいかく》である服「か」を着せてやると「かたち」が誕生する。すなわち美の形成です。

造形とは、すばらしいものをつくろうとの思いからものづくりをすることであり、ＩｎからＯｕｔへのものづくりということです。

一方で、〝○○流〟とか〝○○道〟のような形から入るものづくりがあります。形を踏まえながらつくるものづくりとはＯｕｔからＩｎへのものづくりということになる。

風土工学におけるものづくりは、ＩｎからＯｕｔへのものづくりを推奨するものの、すでに機能設計から「かた」がある場合には、のちに「心」を入れるＯｕｔからＩｎへの物づくりをしようとするものです。

〝ものづくり〟の思いの結実

「知」「敬」「馴」の心

竹林　私が「風土工学」と称して展開している風土工学とは、「風土とハーモニーし、風土を活かし、地域を光らす、個性豊かな地域づくりのテクノロジー」です。「風土がなぜ、工学になるのか」といつもよく言われるのですが、風土を大きく変えるものづくりとは何かと考えて見ると、やはり土木事業が風土を最も大きく変えると思うのですよ。

金子　そうですよ。

竹林　道を拓き、川に堤を築き、トンネルを掘ったり、橋が架かればその地の風土

の特性は大きく変わってきます。その地に関わる他のいかなるものづくりも、その地の風土を変えるのですが、いちばん大きく風土を変えているのが土木のものづくりなのですね。

そこで、風土を変えるということはどうすることなのかですが、風土を深く知れば知るほど風土を変えるメッセージがたくさん返ってくる。返ってきて「知れば知るほど風土を敬う」ことになると、ここはすごいと。先祖からのメッセージ、大地からのメッセージ、水からのメッセージ、大気からのメッセージ、歴史からのメッセージ、そういうことがわかってくれば、その地を自ずからものすごく「敬う」ことになる。あ、先祖はすばらしいことをやってくれたんだな、この地域は何でこんなにすばらしいのかということがわかってくる。わかってくれば自ずから「敬う」。

敬えば、それからつくるものはその風土に「馴染む」ものをつくることになる。絶対、風土に馴染まないものをつくるわけがない。風土をより深く知れば知るほど、より深く敬うことになり、その結果、ものづくりはその風土に馴染むもの、風土とハーモニーするものができるというのが「知」「敬」「馴」の心だと言っているわけです。

金子　それは大賛成。さっき触れたように、神社のあるところを〝鎮守の森〟と言うでしょう。鎮守の森は、それぞれの地域社会の精神的なより拠だった。お寺も同じで門前市ができたでしょう。神社や寺院は地域に落着きと美しさを増し、自然の摂理および祖先との巡り合いの場となったんです。

同時に、山の民は肉や毛皮を、野の民は野菜や果物や穀物を、そして海の民は魚介類を運んでくる。近郷近在の生産者が物を売り、消費者はそこで食糧品や職人がつくった暮らしの道具が買えた。

もう一つ重要なのは、そこが情報交換の場だということです。ハイテク産業とか情報システムが十分でなかった時代には、その鎮守の森やお寺が、住民や旅商人や旅芸人が集まり、情報交換や交易の場として重要な役割を演じたんです。未曽有の敗戦を迎えたにもかかわらず、今日まで神社・仏閣が壊されることなく、住民の心のよりどころとして日本の土地に馴染んできた理由じゃないですか。

それと同じように、今日ダムや橋を架けるにも、優れた職人が資材を厳選し、造形技法を駆使して、森の中に美しい景観をつくることは可能なんですよ。ようは建設にたずさわる経営者や技術者の心の問題ですね。そうでないと先祖が営々とまもり続けた森や、調和した町を破壊することになる。

竹林　風土に対しより良いものをつくっていく。

金子　伝統の風景もまもりながら新しい風景を創造する。

竹林　そうなんです。目的函数は経済効果でなく良好風土の形成なのです。

金子　これが、竹林先生のおっしゃる風土工学の原点でしょう。

うちの企業が儲かりさえすればというエゴイスティックな考え方ではなく、「風土と一体になって新しい土地の変革をもたらせる」という思想が重要ですね。

六感の結実〝ものづくり〟「知」の心

竹林　私が言っているのは、「六感の結実がものづくりだ」ということです。人間は何かというと、目で見、耳で聞き、鼻で嗅き、舌で味わい、手で触り、そして思う。それが「知」の心である。「眼」「耳」「鼻」「舌」「身」「意」の六根で、心象形成する感性である。すなわち、五蘊、「色」「受」「想」「行」「識」ということである。それらの結実したものがものづくりだと思うのですね。その延長線上で「六大の存在」、すなわち、地大、水大、火大、風大、空大、識大木は生物、土は大地、六大にその地のものがあるわけですよ。その「存在・素材を活かす」のがいちばんいいんですよ。その「六大の存在」ですよ。

金子　アジアの人が昔からまもってきた「木・火・土・金・水」、すなわち東西南北に中心の思想ですね。これぞ宇宙と大自然の輪廻というか、摂理に従った生き方です。

竹林　そうなんですよ。五行の相生の思想です。

ところが、違うものをもってくるから変なものができてくるのですよ。技も材料も全然違うものをもってくるから。五行の相克のサイクルに落ち込む。

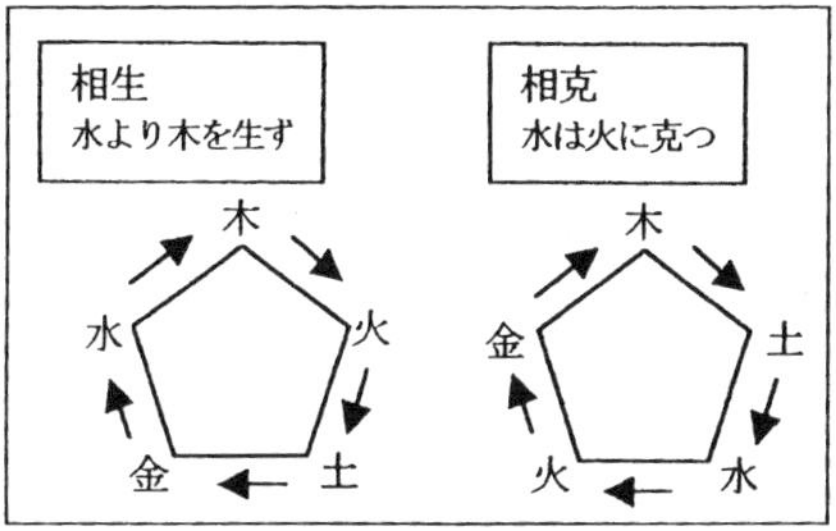

五行思想の相生相克

金子　山と川や谷など自然を背景にダムや橋をつくるでしょう。そこから先に問題が起こるんです。そのほとりに公園や駐車場や、店ができるでしょう。これが色も形も実に怪しげなものができて、せっかくの景観を壊してしまう。昔の峠の茶屋のように、縁台に緋の毛氈を敷いて、藁葺き家の軒先に「お休み処」なんてぃう幟が立っていたら絵になるじゃないですか。それが、見るも無残なコンクリートの建物だけになってしまうと、これが建築家の仕事かと言いたくなる。「昔の大工に習え」と言いたくなる。せっかくダムや橋が周囲にマッチしていても、もっと一工夫、二工夫してくれたら、その景観が美しくなるんじゃないかと思う。

丹野　それはね、民族性がなくなってきているることに帰因しているんですよ。最近は高速道路の休憩所やなんかもだいぶ工夫して、ある意味で日本的になりつつありますよ。それは、日本民族のアイデンティティが何となくそういう方向に向いてきているからでしょうね。やはり民族性が大切なんですよ。日本人だという意識がないと、欧米流のカッコいい物をもってきて、ステンレスで囲えばいいとかね。いまはそういう文化が主流のように見えるが、それでも、徐々には、日本的なものの方向に向かいつつもあるということでしょう。

金子　そういう意味では、ヨーロッパを例にあげたい。イギスやドイツの田舎に行くと、そういう峠の茶屋みたいなカッコのいいのがあるんだから。ロンドンの郊外をドライブすると、昔の古い倉庫を改装した喫茶店や食堂がある。何とも言えない風格があって、センスの良さがうかがえる。それを真似するだけでなく、日本にふさわしい建物をつくってほしいですね。

竹林　いいものを見て学ぶ。

金子　欧米の文化にもいいものがあるんですよ。だけど、だめなものばっかり入れている。

丹野　知識階級、学者たちが、そういうネットワークのなかにいるからでね。例をあげれば、オルセー美術館ですね。ご存じのように、あれは、かつての国鉄の駅です。それを9年間かけてつくり直したが、アジアのデザインを学んで、それをルーツにしていますよね。そういうふうに、連中はいろんな角度で見てそれをどう残していかくという戦略をもっているんですよ。

金子　初めてアムステルダムへ行ったときに、これが「東京駅の原形か」と思いましたが、形も色も美しい。

丹野　小さいけどね。

金子　その東京駅より小形なのが京城《ソウル》駅です。ソウルの友人に『日本の象徴みたいな京城駅を壊すか』と聞いたら、『近代建築を偲《しの》ぶ風格ある建物だから壊さない』と言ってくれましたよ。これも当時の職人仕事の粋ですよ。法隆寺をはじめ、姫路城や兼六公園や城下町を手本に後世にいいものをつくってくれたと子孫に感謝されるよう、建設業にやっていただいたら、竹林先生のおっしゃる「風土工学」は満点ですよ。

丹野　いまの日本のビルを見たってわかるように、格好いいやつで、ガラス張りでボコボコつくっているじゃないですか。この地震国でね。そういうこと自体が、近代的であったり、文化的であるような錯覚に陥るのが学者先生方の仕事なんですかね。そんな時代なんですかね。

意匠とは思いの結実、〝ものづくり〟「馴」の心

竹林　私は「六大の存在の中に素材を見つけ出す」といっています。その先は何かというと「意匠」だと思うんです。意匠は何かというと「意の匠」です。意とは意図のことであり、思いなのですね。すなわち「意匠」とは、意図思いをうまく形にあるものにする技と匠ということである。ここでその結実が「馴」なる心だと思うのですよ。「匠の心眼」です。

デザインでなく意匠なのです。デザインとは何か。De と Sign の合成語である。De とは、Departure の De、すなわち遠

“ものづくり”の思いの結実

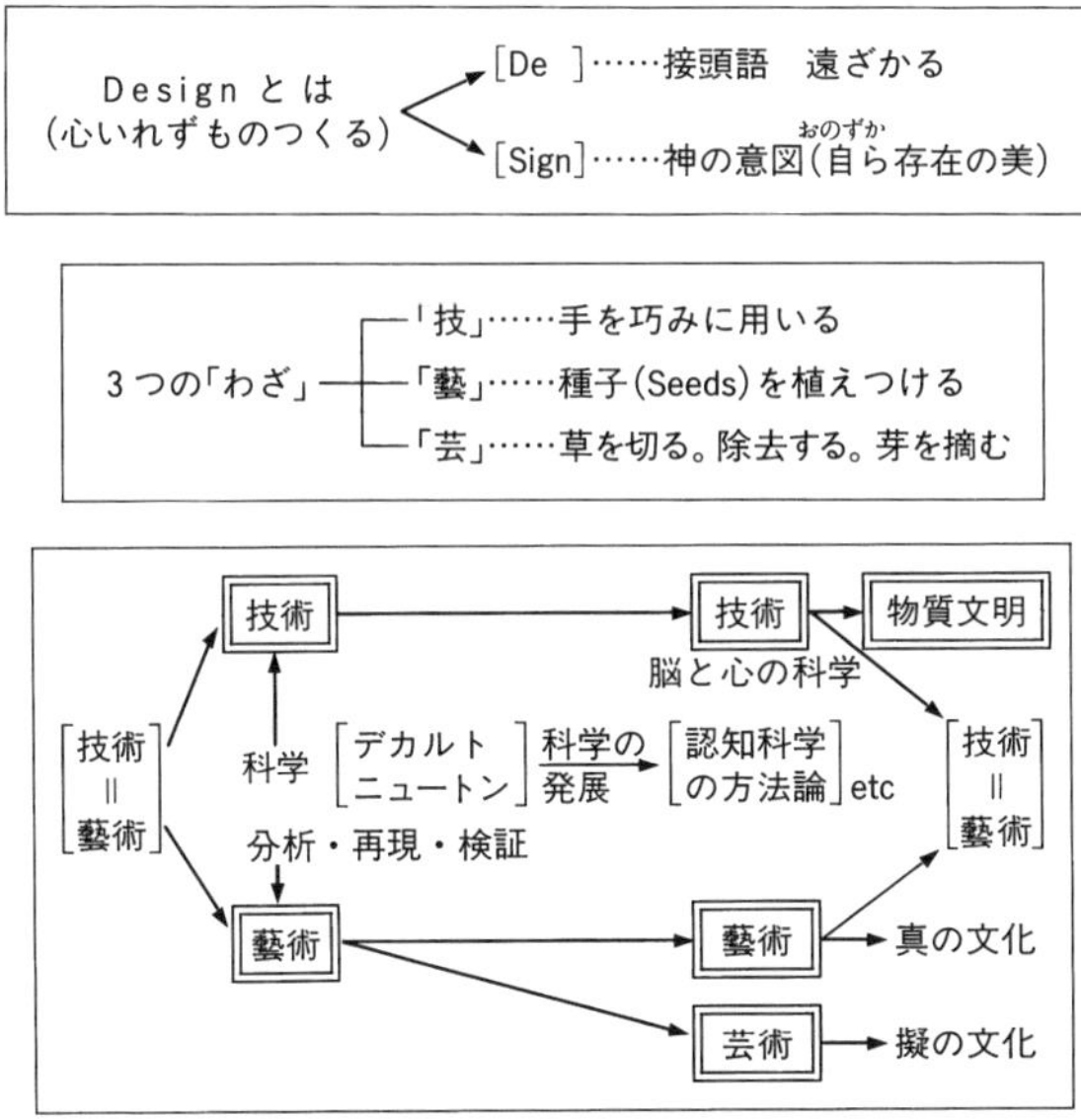

ものづくりの「わざ」と「すべ」

ざかるという意味。Signとは神の意図。神の意図には自ずから美が備わっている、したがってデザインとは、神の意図から遠ざかる。ということは、デザインとは、心入れずしてものつくる心であり、そのものづくりは美から遠ざかるということなのです。

あるものづくりの人間国宝の人が言っておられた言葉に感激しました。「ものづくりは人間の本質だ。感ずることが実力なり。必要なときに必要なことを察知する感性が大切だ。手で堪えた工芸性と、心で耐えた精神性の結合がいいものをつくるんだ」

と。これは見事にすばらしい表現の仕方だと思いました。そして、そのうえに「詩情のない造形作品はただのものでしかない」。思いがないようなものは、ただのものでしかない、まさに至言です。

鼎談者の三人（左から、竹林、金子、丹野）

つくって見せる文化

他人の目でなく、自分の目で

金子　このごろの日本人は悲しいかな、将来値上がりするかと予想して、株や土地を買うのと同じ投機目的で、「美」なんかとはまったく無縁の世界で絵を買ったりするようになった。そんな賤《いや》しい人たちには絵ごころも、詩情のかけらすらないんですよ。まさに「芸術」の堕落です。怪しいものでも「芸術」と名がつけば、最高だとの錯覚のなれの果て、そんなものには価値はないんですよ。

　どんな人の〝もの〟でも、いいものをつくったということが重要なんです。

以前国立近代美術館に行ったときですが、僕は声をあげる癖があるんです、『ああ、いいなぁ』ってね。すると、隣にいた中年の上品なご婦人が『いま、いいなって声をあげたけれど、どこがいいか』と聞くんです。僕のほうがびっくりして『なぜ』と聞いたら、『私、絵の見方がわからないから教えてください』というわけ。まさかと思ったが、この絵は座右に置きたいと思ったから『いいな』と言ったんです。これが小学生が描いたものだって自分の心をうてばいい、なまじ肩書きに惑わされないことですよ、と言ったの。そしたら、『長年、胸に詰まっていたものが消え、心が軽くなりました』と言っていました。美術館も肩書きや有名性に頼らないことですよ。

竹林　他人の価値観でしかものが見えないのですよ。自分で考えるという習慣がない。

金子　肩の力を抜いて自由な目で見ること、それが、「賢い消費者」の重要な条件です。評論家が何と言おうとそれにとらわれずに日頃から自分の眼を訓練しておくこと。すぐれた職人仕事には、今見ても驚くほど大きな花を咲かせている。これぞ職人文化の粋です。その職人の腕に惚れ込んで、ぜひあの大工にやらせたいという良きパトロンがいたんですよ。『テッちゃんの仕事なら間違いねぇや。じゃ頼むよ』。落語が語る世界ですが、これが注文主と職人の間柄じゃないんですか。

丹野　いま、それがないからね。

金子　『あんた、芝の棟梁に頼んどいたよ』とお内儀さんが言うと、『そうか、よかったな』と言って、旦那はあと何も言わない。両者の心の通いというか、それじゃないですかね。私は、そういう信頼感こそ、江戸の職人の仕事を今の世まで残し、高からしめたのだと思います。

批判と講釈ではものはできない

丹野　それには身分とか何とかじゃないし、いまの何とかコンクールとか、世界の何とかコンペに入賞したからいいと評価することと、違うところあるじゃないですかね。

竹林　講釈とか批判ではものはできない。マスコミはなんでも批判することが良いことだと錯覚しているように思える。評論家も批判することがいちばんカッコいいことだと。いまは、そういうことばっかり教えているわけですよ。しかし、批判する人は絶対いいものをつくらない。自分が反対に批判されることを恐れる。

最近、学校教育でディベートを取り入

れている。論争したら、論争で勝ち残ったものが良いもの、正しいものと勘違いしているように思える。私はそうだとは思わない。ああ言えばこう言う。極論ほどかっこよく聞こえる。イエス、ノーのほうが歯切れが良い。批判とか論争からはいい成果、結論が生まれると思うことは大きな錯覚です。誤った結論にいたる場合が多い。ディベートになれば、ある一面からの極論で割り切った意見が正論を制する。正論は物事の両面性をバランスよく見るところに存する。したがって、正論は歯切れが悪い場合が多い。討論の場は思索を深めるというよりは、あるムードを醸《かも》し出す場になりがちである。そして、正論はディベートでは負ける運命にある場合が多い。

つくって見せてこその価値。つくって見せる心、気質《かたぎ》

竹林　つくって見せてこそ価値がある。それから時代追随、変化対応でなく、本物をつくる、いいものをつくって、みんなに使ってもらおうとする、その心が大切です。本物馴応の心です。文化はつくって見せることです。それが職人気質《かたぎ》なんですね。芸術家には気質《かたぎ》がないんです、芸術家には気取りしかない。文化とは足下をしっかり踏まえたうえで流す汗の量と努力の結晶です。

金子　いいなぁ。

竹林　気取りだから芸術家という。事はできるけれども、事に仕えられない。気取りではなく気質《かたぎ》がほしい。仕事とは事に仕《つか》えることである。

金子　長年修業を重ねた職人は、時所位を得た融通無碍に仕事ができるんですよ。この家に合うように、台所や風呂場、居間や茶の間の箪笥も家族の状況を加味してつくったんでしょう。いまは理屈だけで〝もの〟をつくろうとする。

丹野　芸術家は、自分の意志を相手に押しつけるのよね。だから、相手の気持ちに立つんじゃなくて、『これをやるといいよ』というふうにカッコをつけるんですね。

時所位を得たり、〝ものづくり〟職人の心

金子　僕の家で、『ふすまをつくってくれ』と頼んだときに、新宮殿のようなふすまをつくられたんじゃ困るわけ。唐紙だけちぐはぐになっちゃう。職人は、それぞ

れの家にふさわしい唐紙を貼ってくれる。新宮殿でも庶民の家でもそれに合わせてつくれるのが腕のいい職人だよ。

私の親父はこれを「時所位を得たり」と言いました。時と所と位です。要するに「時に合う」とは、時代の背景に合うということです。「所」はどういう場所か。それから「位」は、地位の高低よりも、農家か、商家か、サラリーマンの家かという意味ですよ。これは職人の仕事にもまことに重要だと思います。

丹野　そうですね。

竹林　金子先生の「時所位を得たり」とは、和辻哲郎の人間存在の風土の構造、三超越四要素のことなのです。「時」とは、「歴史において己を見出す」。第二超越、時間的構造。「所」とは、「風土において己を見出す」。第三超越、空間的構造。「位」とは、個人的孤立と社会的合一の表裏二面の要素よりなる、第一超越、社会的構造ということなのですね。風土工学は和辻哲郎の人間存在の風土の構造をそのベースに置いている。このことから民族造形学と風土工学は一見、まったく異なる学問と見えるが、実はまったく同じスケルトンの学問体系なのですね。「民族」と「風土」は同じものを「主体」として見た場合と「客体」として見た場合です。「造形」と「工」はまったく同じものづくり、かたちづくりの概念です。

事に仕える心、職人の目と腕

金子　だから、芸術家も肩肘はらないで、職人に戻って、『これつくってくれよ』と言ったら『あいよ』とつくる心意気が欲しいね。芸術家は人様のためというよりり、展覧会に出して賞を取ることしか考えてない。消費者のために奉仕しようという心がないんです。「仕事」とは「事に仕える」で、自分の仕事を天職と心得てひたすら仕えさせていただく心ですよ。お客さまのためにやらせていただくという謙虚な気持ちですよ。芸術家は『俺がつくった』って。

丹野　それで金を高く取るわけだから。そういうことだね。だから気取りじゃない、職人気質《かたぎ》と言うかね、気持ちの問題が大切だね。

手で伝える文化

有形な世界遺産と無形の世界遺産

竹林　次に遺産として残すべきものは何かを考えたいと思います。私は、残さなければならない遺産は、「手で伝える文化―世界遺産としてアジアの職人の技」であると主張したい。いま、世界遺産は何かというと、奈良の都であったり、何だったりだが、ちょっと待て、火事になったらすぐなくなっちゃうじゃないか。だけど、奈良の都をつくったのは誰かというと、職人と匠がつくったわけで、職人の腕と匠の技があればつくり直すことができる。遺《のこ》すべき大切なものは形ある建物

ではなく、形のない職人の腕と、匠の技ではないでしょうか。
いろいろな人や機関が有形な世界遺産を残せ残せと一生懸命言っている。ちょっと待ってください。有形のものはいずれ崩れるものです。崩れないものは何かというと無形のものだ。無形のものだから世界遺産なんだと。だから、有形の世界遺産を一生懸命残そうと言ってるけどおかしいんじゃないか。いちばん大切なのは無形の職人の技なのです。

丹野　文化への基本認識がないとそういうことになるんでしょう。ようするに形に見えるものしか残そうとしないんですよ。そして、形の見えないものには、金を出さない。

金子　基本的なことがわからないから理解もできないし、金の援助もしにくいわけだ。法隆寺だと言うと、写真などで有名だから誰でも知ってる。けれど、一五〇〇年前の法隆寺も職人がつくったんですよと言ったって、いまはそんな職人、いないじゃないかと言うことになる。

竹林　いまでも、宮大工の技は手で伝えていっているんですがね。

金子　今でも各地に宮大工はいるんですよ。だけど仕事が減少しつつある。
竹林先生の書いた「手で伝える文化」ですが、日本には「お手伝い」という言葉があるでしょう。これが基礎です。親方の仕事の手伝いをしながら、材料の選び方から、仕事の進め方など、親方の確かな腕前の奥技を手を通じて覚えるんですよ。手から手へ伝えていく。この手伝いの心こそすべての造形活動に通じる哲学です。

元の意味は「手から手へ伝える」こと。伝統のお料理だって、歌や踊りや奏楽法などの芸能もそうでしょ。足の動作や手の振りもお手伝いですよ。手をとって伝えた、今日まで日本人の心を支えてきた美しい動作や品格ある習俗など、伝統文化のいちばんの基本です。

寺院や仏像を例にとると、パキスタンのガンダーラやアフガニスタンのバーミアンなど、ヒマラヤ西方山麓の地では、洞窟を掘ってその中に岩の仏像を安置します。乾燥地帯だけに中国の敦煌も同じです。雲岡や韓国新羅の石窟庵とそこの釈迦像は石ですよ。そして、地域の特性や民族の顔が仏像に現れる。しかし仏殿などは石の基壇に木造建築で多彩に飾るようになる。

日本にも、石の寺や仏像が入ってきたが、日本は木が豊かなので木造に変わるんですよ。そこにこそ、私の言う「地域性」や「民族性」が出るわけです。日本は森林の豊かな国で、日本人は木の仕事が上手だから、素敵な木造建築、彫刻や家具がたくさん残った。

中国の強い屋根の反《そ》りより、日本のお寺の屋根は緩やかな反りになった。それぞれの地域の匠たちは、土地の素材をうまく生かしてものづくりに取り組んできた。

世界最古の木造建築としての法隆寺が云々されるならば、手で伝えた職人の末えいである宮大工や、飛騨の匠の存在をわれわれはもっと認識すべきではないでしょうか。

大切なことはつくる過程

竹林　私は、形のある建物としての法隆寺よりも、それらをつくる無形なる宮大工の匠、職人の腕のほうがもっと大切だと思っています。

〝もの〟をつくり、まもることも、技が伝わっていたから再現ができた。創造力や腕前の確かな職人の存在こそ重要です。法隆寺の壁画や金閣寺も焼失という悲しい結果を生んだ。世の中には狂人もいれば、天災地変や事故もある。どこで火事になるかわかりません。火事になればすぐなくなる。つくった職人の腕が伝えられておれば再建できる。大切なものは形あるものではなく、形をつくりあげるプロセスです。評価すべきものはつくる過程です。

金子　古代に南中国から東南アジアで創造した切妻造りの平入りや妻入りの高床の建物は、日本に渡来して前者は伊勢神宮、後者は出雲大社となるんです。私は、伊勢神宮の二〇年ごとの職人技をまもる御遷宮のシステムはまことに貴重だと思っています。古代以来の伊勢神宮の造形技法は、東南アジアの住居を分母に連綿と続けてきた、世界でも屈指の建築技法の正しい伝承方法です。にもかかわらず、あんなもの古くさいとかムダ使いという声が出る。金融不祥事の銀行にムダな予算を組むなら、こういう貴重な職人仕事の伝承にこそ、税金を使ってもらいたい。たった一つ残った伊勢の御遷宮を「国家が宗教に金を出す」と批判する者がいる。これは国家事業としてやるに値する、職人文化の重要な技法保存と後継者育成に欠かせない事業です。

丹野　文化伝承のシンボルやな。

金子　若い人たちに、日本人とはかくも素敵な匠の技を千数百年残してきたことを子孫に伝えてほしい。敗戦時にアメリカに日本の伝統文化を否定されてから、日本人はだいぶ国籍不明になった印象が強い。私が昨年スタートさせた「アジア職人文化専門家会議」は、二一世紀を支える日本人にこの国での暮らしや仕事の仕方についての祖先からのメッセージが秘められていることを再認識してほしいからなんですよ。

丹野　提案なんですが、いま言われたように、伊勢神宮をモデルとするというのは見逃せない発想ですね、ぜひ、国家事業として取り組んでほしい。私も何回か聞いたけれども、伝統技法を継承させていくという視点で、二〇年ごとにつくりかえていくというのは、すばらしい。そこには木曾で御神木を育てるとか、宮大工の手斧に始まる諸行事や祭りごとがあるということも大切です。

金子　あの原型は東南アジアにあるのは前述のとおりです。南中国や東南アジアでの水稲栽培民族は、収穫物が水に浸かって腐らないように高床住居を考え出して今なお住んでいる。稲を床に直《じか》においたらネズミがくるし、虫も湧くんです。

だから、伊勢神宮は穀物倉が原形です。内宮と外宮に分かれ、内宮は天照大神がご祭神で陽の女神ですよ。日本人は、古代から新しい生命を生む女性を高く評価して崇《あが》めたんです。

外宮には「豊受媛命《とようけひめのみこと》」と言う、稲霊をお祀りしています。だから、日本民族は弥生時代前後から、稲作農耕民に変貌するが、この2つの建築形式を基本的な住居と、精神基盤である宇宙や自然を崇《あが》める信仰の象徴として定着させたんです。

先ほど申し上げたように、東南アジアは一年中暖かいので、豊かに成長する竹を素材に簡素な家を建てた。屋根はチークの葉や藁葺きですが、日本の国に入ると、竹では雪の降る冬には耐えられないので、床や壁も厚い板にしたんです。屋根にも厚い板を張り、その上を檜皮葺《ひわだぶ》きにしたんです。いままでに見たこともない建築様式を伊勢神宮に見事につくり変えた、日本の職人の腕のすばらしさをもう一度考え直してほしいんです。

竹林　いまの機械でつくったものは、新品のときがいちばんいいんです。時間がたったらだんだん悪くなるんです。風化し、ハゲてくる運命にある。ところが、職人がつくったものは、時間がたてばたつほどよくなってくるのです。風格が備わってくる。

金子　両神宮や法隆寺がそうでしょ。要するに自然の素材を生かしたものは時代とともに味わいが出る。

竹林　たとえばガラスから始まって金ピカのものでつくったものは、全面、面反射するんですよ。ところが、地の素材でつくったものは乱反射なんですね。面反射はパッと見たらきれいかも知れないが、そのようなものは、実は絶対に自然界にはないんです。自然の美の法則にはないものです。ということは時間とともに汚くなっていくんです。

塗装ペンキも化粧と同じでハゲていく運命のものです。自然の美の法則に反するものなのです。

金子　枠組み工法の建築は黒くなればなるだけ、ますます味わいが深まるじゃないですか。

竹林　そうなんですよ。

もうひとつ、軒は何かというと、日本のモンスーン気候に合うんですよ。滴《しずく》がたれても柱や壁にはかからないんですよ。先人の知恵です。近代建築の名のもとに、砂漠の真四角の軒のない建築物をつくる。あのような建物は雨の少ない砂漠的気候に馴じむ建築様式なのですよ。雨とホコリで必ず汚れていく。汚れ対策の維持管理に非常に手間がかかる。日本の風土にあまり馴じまない建築様式なのです。

金子　これから建築家も、土木開発の事業者も、私の申し上げる「地域性」と「民族性」と「時代性」をぜひ基盤に構想していただきたい。

丹野　明治以降における建築の学問、勉強というのは、日本固有の住居をつくるような建築は教えていないし、育ってないんですよ。欧米の建築文化だけです。人間が住む家にしても、ツーバイフォーでもって、くだらない外材をもってきてペタペタッと組み立てるようなね。

金子　いまだって、ツーバイフォーで釘でポコポコ打っているけど、あれ、釘や金具が錆びたら終わりでしょう。一五年もてばいいほうですよ。その点、枠組み工法というのは、さっき竹林先生が言われたように、時がたてばたつほどしっくり噛んでいくわけですから、地震に強いわけですよ。それをツーバイフォーの釘打ちでもって、ボルトで締めて、これで大丈夫ですよ、地震対策ですよ、なんていわれても、私はあまり信用しません。

地震対策も当然ですが、人間の住居としての風格や、周囲との調和した味わい深い家づくりを考えてくださると、建築がまたよくなるだろうと思います。けれども、いまはお客さんもだめなんだ。たとえば私が家を建てるとき、日本の風土に合うように軒を深くしてと頼んだ。その人の建てた現場を見に行きましたが、軒の狭い家ばかり。一級建築士なんて肩書きにつられちゃだめだと思った。やはり昔気質《かたぎ》の大工さんに頼まなければ……。これは施主もだめ、いま建設会社に頼みっぱなしで、落成式と引っ越しのときだけしか家を見ない。

丹野　それで、入ってから欠陥住宅だなんだとガタガタ言うんでね。おっしゃるように、日本の風土に合った住まいは何だというと、私はいみじくも六年前にパリに日本の一流メーカーの最新の住宅集をもって行ったんです、このぐらいの厚さの本を。そうして、フランスの建築家とかインテリアの関係者に見せたら『丹野さん、これ、日本の住宅ですか』と言うの。『アメリカの住宅じゃないですか』と、一言で終わりですよ。日本の文化がないというんです。

金子　そこはフランス人の憎いところよね。フランス人は安っぽいアメリカ文明が大嫌い。だから、何でもアメリカを真似る日本人は低く見られちゃう。

竹林　そう見られても仕方がないところがあります。あまり深く考えずにアメリカ崇拝追随文化という面があまりにも多すぎます。

丹野　蛇足になるけど、昨年一一月にフランス大使が新任のパーティをやったときに、大使曰く『いままでのフランス人の日本に対する見方は、あんまり積極的に交流しようという方向にはなかったが、シラクが大統領になって以降、日本の大衆文化と触れ合いたいという方向に変わった。私どもは日本とお付き合いをしたいんだ。いままでのように、歌舞伎とか能、狂言というものだけじゃなく、日本人の生活文化を知りたい。だからそういう情報を流してください』という挨拶をしていましたよ。

金子　日本の伝統というと、いつも歌舞伎、能、お茶とお花などです。そして、外国人は日本人はいまだにあんな衣服を着て生活していると思っている。お茶やお花も伝統の礼儀作法の一つだし、日本人としての基本だけど、現状では日常生活から離れて特種化しちゃった。もっと暮しに立脚した日常性の強い〝もの〟のなかから選んで外国に送り出すべきです。

丹野 そうそう。彼らの日本人に対する興味は何かというと、浮世絵文化の細かい摺りと内容の技術を持った日本が、どうしてハイテク技術を持った国になった原因はどこにあるのかといったことですね。実は、例の独楽《こま》ですよ。瓢箪《ひょうたん》から独楽ってあるでしょう、轆轤《ろくろ》でガーッとやって、材木でもって目の前で1ミリぐらいの独楽をつくるわけですよ。あの技術を見て彼らは納得したんです。あれが職人の技で、ハイテク技術につながったのだと。

金子 日本人は、古来外国から来たものをどんどん受け入れて、やがて見事に日本化したと言ったでしょう。陶芸の仕事を例にとっても、轆轤の技も、右廻し、左廻し、中韓両方の技法を真似ながらも、製品を日本化してきた。そして驚くほど多様な焼物をつくって、食糧の貯蔵から調理、飲食から、葬祭や農耕や染織用の器に幅広く開発してきた。中国や韓国の物真似ならば誰も尊敬してくれませんよ。ところが、いまの日本人は、アメリカの物真似したままで、日本人の精神性や生活様式に合うように、つくり変える能力すらないんだもの。

丹野　ただ、彼らは、そのときに、日本人の技というか、手仕事が基礎にあって、ハイテクであんな細かいものまで技術開発できたということが理解ができましたって言ってましたが、その技があるんだから、あらゆるものづくりに生かすことが必要ということでしょう。

竹林　私はこれまで巨大土木工事のシンボルのダムの築造技術に長年従事してきました。その中で常々感じることがあります。巨大土木工事になればなるほど、巨大建設機械や精密な土木計測器を総動員してつくっています。それらのオペレーターを育てるにはバーチャルリアリティーの訓練シュミレーターでは絶対に限界があります。手で伝える実訓練が絶対に欠かせません。機械が大型化し、精密化すればするほど、その必要性は加速度的に増大してきます。さらに重要なことは、それら個々のものをトータルにみて総合判断する監督の育成訓練です。その道の先人・名人芸の人の手から手へ伝える過程、すなわち「手伝の心」で六感を総動員して獲得していかなければものになりません。このことを軽視すれば、巨大事故に間違いなくつながります。

〝ものづくり〟の心

手の温もり、手でつくる幸せ

竹林　最後に、「ものづくりの心」というんですか、「豊かな未来へのメッセージのために何を残していったらいいか」ということのお話を伺いたいと思います。

私は、豊かな未来へのメッセージの手前で、まず「手の温もり」「手でつくることの幸せ」、「物をつくることの幸せ」ということと、もうひとつ、いままでの何でもよいから合理性の追求という理性だけではなくて、その横で感じる感性ということの大切さを言いたいと思います。

「感性」というのは、感じない人間の

理性には理解できないことなのです。やはり感じることの重要さを再確認・再認識しなければなりません。そして感性は磨けば磨くほどよくなってくるのです。誰でもが同じではない。〝猫に小判〟と言いますが、せっかくいいものを見たって、感じない者には何の価値もない。ある国の古い伝統文化を見ても価値を認めない外国人がいるとすると、それはやはり感性がないというよりは、はっきり言うと、教養の不足から他の民族の文化が理解できないということと違いますか。他民族の全然違う文化の中に『すごいな』ということがわかる豊かな教養に裏づけられた感性が求められている。違いがわかるということが感性であり、文化的教養というものではないでしょうか。

　文化というのは、違いがわかることだと思うんですね。そういうものづくりの心ということで、将来、何を伝えていったらいいかということを、金子先生からお願いします。

手から手へ伝える職人大学

金子　われわれが子孫に残すメッセージは2つあります。一つは、教育の場でわれわれわれが子供の頃に習った手仕事を復活すること。もう一つは、日本はこうしてできたと日本の歴史や、地球上の国々の伝統文化を正しく教えること。そのうえで、戦後急激に機械化し、新しいハイテク産業を興し、高度経済成長して発展した基礎には、『手から手へ伝えてきた職人技があった』ことを根本においてほしいということです。

東大や、芸大が最高学府だなんて思わないこと。それよりはるかに高い職人大学というか、職人塾をつくってほしいと思います。世の子供の中には、勉強の好きな子もいれば、私みたいに勉強の嫌いな子もいるんです。ところが、『だれちゃんが大学へ行ったから、うちの子も大学へやらなくちゃ』という親の見栄が多すぎるんです。これは馬鹿馬鹿しいからやめなさい。親はもっと賢くなって、この子は勉強に向くか勉強嫌いかを見定めて、無理して高校や大学へ行ってもだめだ。義務教育が終わったら、その後は職人道を歩かせなさいと言いたい。東大が上で職人は下なんてばかげた考えを一掃することです。今どきの大学はそんなにほめられた所とも思えないし。

江戸時代には、士農工商という職分制度がありました。『士農工商なんて封建社会の産物だ』と否定する向きもあるが、階級制度でなく、職分制度ととらえるといい。士農工商の「士」は、何も武士階級とか特権階級ではなくて、現代ではサラリーマンと解釈したらいいと思うんです。「農」は農民だけじゃないんです。漁民でも狩猟民でも、そのほか、生産に関わっている人、今で言うと第一次生産労働者。それから「工」は手仕事はじめ、ものをつくるすべての人。「商」は商いする人。このバランスが日本の社会を安定させ、良い〝もの〟を生み出してきた。

現在、日本がおかしくなったいちばんの理由はオールサラリーマン化したことです。サラリーマン化というのは、植木等が歌う『サラリーマンとは気楽な稼業ときたもんだ』、の歌詞がすべてを象徴している。極端に言えば、自主性がない、上の顔色を見ぃ見ぃ、その日が終わればいいやと。そんな人ばっかりではいけないと思うんです。だけど、士農工商流に言えば、四分の一は政治家やサラリーマン（公務員や企業マン）、四分の一は生産者、四分の一は工作者、四分の一は商人というバランス感覚も大事だと思うんですね。

自ら自然に親しみ、そこから素材を選び、技の限りを尽くして良い〝もの〟を生み、多くの消費者の暮らしを豊かにする仕事もあるんです。外国のブランドだけが最高と錯覚し、その商品をもっていりゃ高級なんだという低級な思想はもたない。自分の暮らしに合った〝もの〟が選べる人こそ賢い消費者だと思います。そういう賢い消費者を喜ばせてくれるような〝ものづくり〟、いわゆる職人という人たちの存在がこの日本の国の生活文化を支えてきたと同じように、今後も、そういうきちっとした職人や職工がこの国の未来を支えてくれると信じています。

先祖・歴史・文化に学ぶ

丹野　私も、いま金子先生が言われるように、職人塾というのは賛成なんですよ。言うなれば専門学校だと思うんだけれども。そういう意味での職人、親方と同時に、リーダー養成が大切だと思います。いまは、まず職人を養成していくための職人がいないのですね。そういう人材育成を次の世代にどう伝えていくかということです。日本がおたおたしているのに、ドイツがしたたかなのは、技を伝えていくマイスター制があるからでしょう。

きょうの話の最初にあったように、ネパールの国の人々の暮らしを見て、テレビがないから不幸せかということとは違うんですね。そういう面で、地球の自然のなかで生きていくとするならば、地球というのは日本だけじゃないわけですから、世界中の人たちとの連携を考えながら、人類の幸せを考えていくということを原点にしていかないと、自然のものとの付き合いが、共存共栄と言っていながら、現実的には手前の利益しか見ないような日本であるとするならば、アジアの国民、世界の国民からしっぺ返しを食うことは明らかだと思います。

もっと謙虚に、私たちは先祖が築いた歴史や生活文化に学ぶことがいちばん必要じゃないかと思いますね。

金子 これからは人間一人では暮らしが成り立たないように、一国だけでは成り立たない時代です。真の国際化時代を迎えるには、欧米の価値観一辺倒を排して世界を平等な目で見る。それにはまず近くのアジアへの認識を深め、三七億の人々と手を握り、とくに優れた職人が知恵をだしあって、相互に学び、協力して、職人の国際連合のような「アジア職人連合」をつくっていくのが理想だと思います。

たとえばパリの裏町を歩くとすばらしい職人がいますよ。メキシコにも、スウェーデンやノルウェーにも、エチオピアにもいます。私は、まずアジア共通の分母をつくり、どこで、誰が、どういうものをつくっているかの情報を日本の職人が保有できるようになれば、将来、日本人が世界のどこでも仕事ができると思うんです。

欧米以外の情報をもたない日本人はアジアに進出してもすぐ失敗して帰ってくる。そしてアジアはダメだと寝ぼけたことをいう。ダメなのは自分だということに気づかない。自分がその国へ行ったら、その国にどれほどの愛情と正しい認識をもっているかの反省がないんです。それでは歓迎されない。

そういう点では、中国人とインド人をいつも驚きの眼で見ています。華僑や印僑は二代、三代とその土地に住みついて仕事をするから土地の人が信頼するんですよ。日本の商社マンは『俺はついてねえ。こんなところへ来て』とこぼしつつ、常に東京を向いて仕事をしているでしょ。これじゃ現地の人は信用しませんよ。

これからは日本のいい仕事を各国に紹介し、それぞれの国の人たちと仲良くできる『倭僑よ出でよ』と言いたい。華僑、印僑の向こうを張って働く大和の商人、すなわち「倭僑」が出なければ、二一世紀の交易活動は死んでしまう。古くからの八幡船や御朱印船に乗って南海に雄飛した偉大な日本人を手本にすべしです。

あのころ大志をいだいてアジアへ進出した祖先の偉業を、いまこそ学び直す必要があります。

たとえば、彼らは天竺（インド）、シャム（タイ）、ジャガタラ（インドネシア）、呂宋《ルソン》（フィリピン）の染織を積極的に購入しました。これは「サラサ」と呼んで江戸の女性たちのニューファッションとして人気を博したようです。なかでも、のちに日本伝統の織り模様となった「絣《かすり》」は、インドネシアからはるばるもたらされたものです。源流はパトラ・サリで名高い西北インドからインドネシアに渡った技法です。西からスマトラ、ジャワ、バリ、セレベス、スンバなどを代表的な産地として、木綿絣や絹絣が盛んにつくられました。なかでもバリ島のテンガナン村のソガ（茶色）で染めた経緯絣は、信仰的要素の濃い模様で構成されています。

竹林　日本の絣もここから入った。

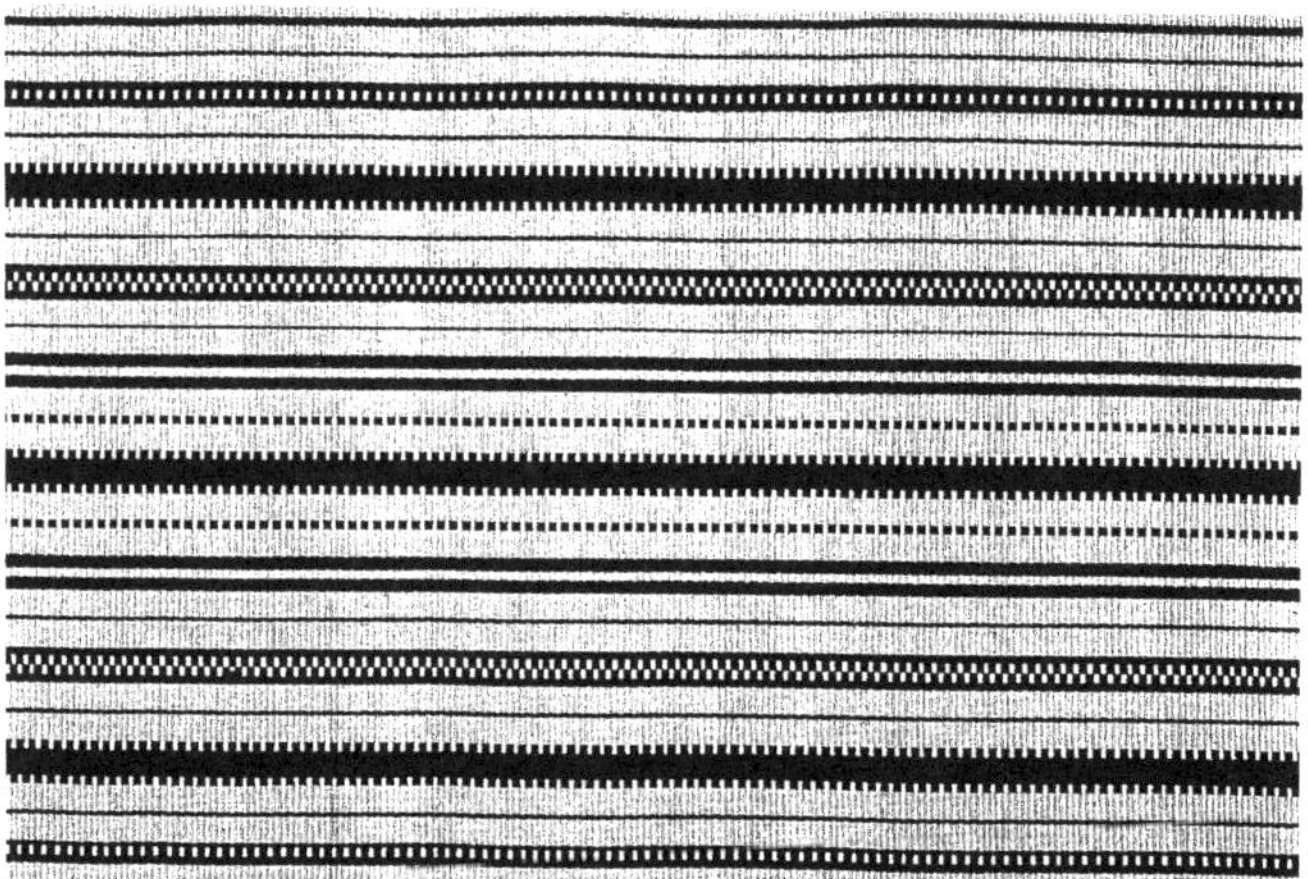

フィリピン　イゴロット族縞布

金子　カリマンタンを経てフィリピンのミンダナオやルソン島に渡来します。このへんまではもっぱら布の全面に除魔招福を願っての、宇宙、霊獣、霊鳥などの模様で埋め尽くされています。さらに八重山郡島や沖縄では琉球絣を生み、大島、薩摩、久留米へと北上し、そして、伊予、備後、広瀬、倉吉、大和と東日本へも波及していった。江戸中期以降、各地に絣の職人が誕生し、着物や夜具地用にと、急激な発展を見せます。

もうひとつ、博多帯があります。博多帯は細くて密な経糸に太い緯糸を強く打ち込んだ厚くて硬い織物が帯地です。一六世紀頃、南中国から織りの造形技法が

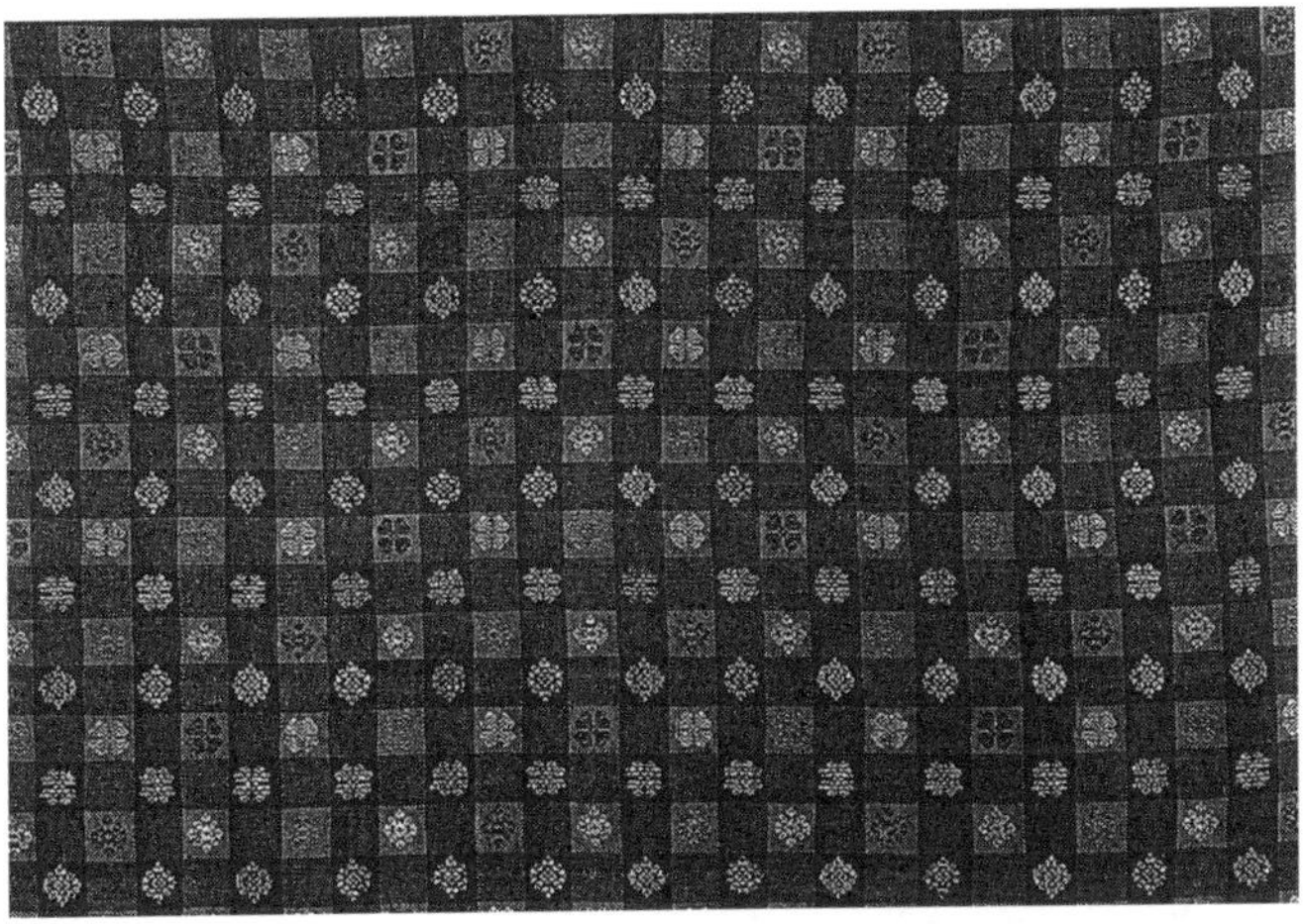

インドネシア，バリ島　格子地花文縫取織腰巻（スンケット）

博多に入り、のちに福岡藩は、これを御用品に指定して慶長年間に袴地や帯地として将軍に献上して一躍有名になったんです。これと同じものをフィリピンのイゴロット族の女性が織りつづけています。

竹林　実に面白い。三〇〇年以上も前に日本人がアジアから多様な職人の仕事を受け入れて、産業に貢献してきたことがわかりました。

何かをつかもうとする心を育む

竹林　両先生から、未来へのメッセージをいろいろお話いただいたんですが、私は、日本人は価値観の多様化というか、自分で考えることがいちばん欠けているような気がします。だから、いちばん大切なことは、何かをつかもうとする心ではないかと思っています。

丹野　そのとおりです。

竹林　現実の背後にあるものを、何かと洞察していく。洞察していく力。具象的なものの奥にあるものを抽象していく力。そしてものの奥にあるものを立体的に表現していくには、やはり職人の手が必要で、職人がものをつくっていく。そして、手でつくったものは残るんですね。

手でつくったものには温もりもあるし、そうやってつくったものはずっと残る。芸術家がつくったものとは違うかもしらぬが、あれは私がつくったということで残る。また、そのつくるということが幸せなんですよ。つくる過程を踏むと、やはり心の満足があります。思いを入れてつくったら、完成した満足が残ります。その、つくることについての満足というのは、いまの大量生産技術のやり方では出てこない。

丹野　機械による大量生産には心がないからね。

職人塾というのは大切だと思いますね。いまは、次の世代に伝えていくというメッセージも希薄だし、伝えていく環境がないんですもの。少なくとも、その場は芸術大学になったんじゃ困りますしね。

竹林　物をつくったら、達成感がありますよ。いま工場でものをつくっている人は達成感があるだろうか。

丹野　ないもんね。

竹林　やはり、それは、職人じゃないからなんですよ。

金子　もうひとつ、ここで手仕事と機械という問題があると思うんですが、手仕事から生まれたものと、機械製品とはどこが違うかという認識をもつべきです。機械が進んでいて手仕事が遅れているという観念は間違いです。手仕事とは何ぞやということを正しく考えることが大切です。

いま、一番緊急を要するのは、若い人に対する「日本国とは」とか、「日本文化とは」についての教育の推進ですね。戦後の占領政策後遺症の延長としてのアメリカ一辺倒の呪縛から日本人自らが解放しなくちゃいかんと思うんです。そうでないと、二一世紀の国際会議の席上で『そう言えば、昔、日本という国があったな』なんて話になりかねないと思うんです。

竹林　いまもうそうなりつつあるような感じを受けます。現在の政治経済の動きを見ていると、日本の個性があまり感じられない。アメリカの属国ではないかと感じさせられることがある。

金子　そんなだらしのないことじゃだめだが、一向に気づこうとしない。

丹野　二一世紀は、日本のルーツを、端的に言えば、ルーツというか歴史に学び、それを次の世代に何を残すかですね、ただし、昔のものそっくりじゃない、時代が違うんだから。時代に合わせてセレクトして、次の子供たちのために伝える。そうすれば、大和民族というか、日本民族のアイデンティティはきちんとわかってくる。これをわかってもらえないと、世界の人たちとお付き合いできないと思う。できないと思ったら、それで日本は終わりです。喧嘩したって何したたって、ヨーロッパから見たら『日本なんて、なんだ』てなもんですよ。アメリカから見りゃ、日本なんてなくていいんだもの。そういう状況になって、ここで新しく原点というか、少なくとも縄文時代あたりからだと思います、そこから繙いてものづくりにつなげることが大切ではないかと思います。

金子先生が書いておられたように、アンコールワットをつくりあげた民族の職人組織があるんですよね。

金子　アンコールじゃない、ビルマ族が建国したミャンマーのパガンです。

丹野　それをつくってきた職人の組織があの時代に全部あるんですよね。あれは七世紀ぐらいですか。

金子　一〇世紀です。「十種の花（パン・セ・ミョウ）」と呼んでいます。

丹野　そういうのは日本にもあるわけです。

金子　奈良時代に中務省《なかつかさしょう》の内匠寮《たくみりょう》には、画、細工、金銀、玉石帯、銅鉄、鋳、造舟、屏風、漆塗、木、轆轤、念、革呂、黒葛、柳箱工など、一五種の職人制がありました。ここには常時一二〇人の匠が働いていたというから、造形活動推進の国家機関が存在していたわけです。

この制度は、平安以降、時代の背景に沿って職種の増減や地方への拡幅もあったわけですが、やがて官から民へと造形活動は活発になり、江戸時代には、各藩の城下町に鍛冶、紺屋、大工、細工、桧物、瓦、金屋、磨屋、工、大鋸、畳、革屋、鞘師、白銀、左官、石工、吹屋、鋳物師、鍋屋、塗師、桶屋といった職種別の町名が残っています。城郭や屋敷を構えるには、職人は不可欠の存在だったんです。

丹野　日本における職人制度には、長く素晴らしい歴史があったんですね。江戸時代にあれだけの〝もの〟がつくれるようになった。それも庶民文化として定着した。

金子　朝鮮でも唐の造形文化の影響を受けての職人制度が統一新羅時代にはじまっています。日常に使われる諸道具や博物館で見る伝統衣装のすばらしさがそれを証明しています。

丹野　ところでさっき私が聞いたミャンマーの職人制度はどうなっていたんですか。

金子　ミャンマーの場合は、日韓より時代が下がります。きらびやかな王宮や数千の寺院や仏塔の建設に心血を注いだアノーヤタ大王が「一〇種の花」の職人制度を設立したと思います。しかし、一三世紀になってモンゴル軍の攻撃を受けて王朝が崩壊すると、この造形技法も破滅して周辺に散ってしまうんです。

竹林　お話を伺っていると、アジア諸国はどこでも良い〝もの〟をつくるための優れた専門機関をもっていたわけですね。

金子　そうなんですよ。どの地域にもあったと思いますよ。いずれも民族を単位に誇りをもって仕事に精を出したでしょうね。それでなければ、今日までもちこたえられなかったと思います。良い〝もの〟がつくられるという自信こそ、民族や地域のエネルギーが燃えたぎるときです。

「温故知新」で、先人の歴史を学ぶことは、未来、日本人はどうすべきかということにつながるわけです。その秘密がすべての手仕事にはいっぱいひそんでいるんです。それを学ぼうとしない。それから、失礼だけど学者がだめです。自分の論文を書くためにしか資料を取り扱わないし、本ばかり読んで自分の足で歩かない。日本の未来がどうなるか。過去の歴史に照らし合わせてアジアとの関係をどうするかといった重要事項についても言及する人がいないですね。自分の狭い視野だけで見がちです。

丹野　匠にせよ、職人にせよ、土地に結びついて発展してきた仕事を見直す時期にきていますね。

風土工学のすすめ

竹林　風土工学を構築し展開している者として、私からのものづくりの未来へのメッセージは、「風土工学」のすすめであります。

あなたの町には大変すばらしい風土資産がある。ないと思っているなら、その心が地域をダメにしてしまいます。どこだって、掘り起こせば宝の山なんですね。地域の誇りをつくる心、それが地域愛です。風土資産をなぜ活かさないと言いたいです。地域を光らす感性と風土文化を育てたい。感性は磨くもので、文化は耕すものですが……。

その風土資産の要は土木施設です。土木事業は地域興しの具でもあるが、地域の誇りをその土木施設にデザインすることです。名前も文化で、それにはさまざまな意義が隠されている。それを仕分け分類して命名する。名前は最小最短のポエムであり、夕べに口ずさむ尊厳のメッセージでもあり、計り知れない資産価値equityがあります。無論、名前にはワッペン的高付加価値があり、名前一つで大儲けしたり、観光客が急増したりもする。ようするに、名前には命名者の意図が織り込まれ、名前により意図が伝達されます。

土木は地図に残る仕事であり、地図に名前をつける仕事でもあります。古い名前には歴史に耐えてきた風格があるが、新しく使われる名前は地域の夢を育てるものがなくてはならず、成長する名前、しない名前など、ふさわしい命名は難しい作業だが、ネーミングにはこだわりが必要だと思います。そして、結果として統一したコンセプトによる命名で効果百倍となれば幸いです。この土木施設のネーミングデザイン、それがソフトな風土工学です。

大自然と人間の営みが長年かけてつくりあげた風土の景観には深い深い趣が隠されています。その風土資産の発掘と評価が風土工学の始まりで、景観設計にはこだわりが必要だが、統一コンセプトによるこだわりの景観設計を行うことにより、効果は百倍、地域の夢を育てるわけです。価値観多様化の時代にその地になじむもの、風土にふさわしい新しいコンセプトをまとめるのは、なかなか難しい作業だが、それを支援するのが「風土工学」です。

ユニティ統一の原理による秩序の美の演出をする、それがデザインコンセプトであり、美の始まりで、風とハーモニーし、コントラストし、その風土の中にアイデンティティを見出す、それが「風土工学」なんですが、さらに美の三定理、型枠によってつくられた土木構造物の「かた」に、命の「ち」を吹き込み、血の通う「かたち」をつくる、それが「風土工学」の目的と言えます。カラーという道具を使い、「いろ」という思いを入れ、風土とのハーモニーを演出する。そして、秩序の美の中で個を主張、ローカルアイデンティティを演出する、それが「風土工学」といってもいいです。

景観十年、風景百年、風土千年という言葉がある。景観が損なわれず残れば風景となる。さらに時間の経過の中でその地の人々の心象に定着すれば風土になるということをいっている。景観はなぜ損なわれるのか、見た目だけを追っているからです。いずれそのものの寿命とともになくなる運命なのです。ではどのようなものをつくればよいのか、意味あるものをつくることです。意味あるものは物理的寿命が来たらまたつくりかえることになる。風土工学とはその意味あるものをつくろうとする実学なのです。

良好風土は一日で成らずです。土木は地域づくりの職人です。良好風土形成に向けて一歩一歩着実に、職人の技、匠の心眼で事に仕えようではありませんかというのが、「風土工学」のすすめです。

エピローグ――〝ものづくり〟の未来に向けて

竹林　金子先生、丹野先生のお話をお伺いし、最後の締めくくりとして、すばらしい〝ものづくり〟を生み、育てる三条件を金子先生の〈民族造形学序説〉の中から考えて見ました。

まず、つくり手側としては、〝ものづくり〟の情熱と叡智《えいち》です。これには2つある。①ものの奥に秘む本質を知ろうとそれを熟視する目がつくり手の素材を選ぶ眼を育む。②ひたすら自然や風土に存する素材に親しむなかから学ぶ心がつくり手のどう加工するかの技法を生む。そして〝ものづくり〟の心がわかる使い手側としては、③つくり手の成果を冷静に観察し、それを選んで生かす眼と心が必要、ということのようです。

以上の三条件は、すべてのものづくりに通ずる三訓として肝に命じ、再確認することとしたい。さらに、ものづくり、民族造形も、江戸職人ものづくりも、土木のものづくりも良きものをつくろうとすれば皆同じです。その必須条件は、A、B、Cであります。Aはものづくりに対する熱き思いAspirationです。Bは、良いものをつくってみせるという確固たる信念Beliefです。そしてCは、つくって見せて意味がある創造Creationです。また、ものづくりで用いなければならない不可欠な器官は3つのHです。まず、良きものをつくるには徹底的な知の結集です。一つ目のHは、Head頭を使うことです。二つ目のHは、Heart豊かな感性の心を使うことです。三つ目のHは、鍛え抜かれたHand手を用いることです。ものづくりの未来に向けてのメッセージとは、時代が変われども変わらないものづくりの基本を再確認することで締めくくりとしたいと存じます。金子先生、丹野先生、本日は大変有意義なご指導をいただき、ありがとうございました。

鼎談者プロフィール

金子　量重（かねこ かずしげ）

1925年横浜市生れ。国学院大学文学部史学科卒業。アジア民族造形文化研究所、アジア民族造形学会、財団法人アジア民族造形館を創立、現在、それぞれの所長、会長、理事長に就任。大妻女子大学、沖縄県立芸術大学、中央民族大学（中国）等でアジアの民族造形学を講ずる。35年にわたりアジアのほぼ全域を調査、その数350回に及ぶ。主に民族造形の調査研究を通して、アジア諸民族の生活文化の本質を極め、民族造形学の確立を図る。

南西アジア無形文化財調査団（外務省）団長、イラン文化研究視察団（イラン政府招聘）団長、ベトナム少数民族国際調査団（国連教育科学文化機構）日本代表、ベトナム伝統産業調査団（国連工業開発機関）団長、他多数。アジア職人（匠）文化専門家会議―アジアの創造力と匠の技（第1,2回）議長。

主要著書として、「日本とアジア―生活と造形」全8巻（学生社）、「芹澤銈介全集」全31巻、「和紙の造形」（中央公論社）、「民族造形学序説」（芙蓉書房）、「アジアの民族造形」全3巻（毎日新聞）、など多数。

丹野　稔（たんの みのる）

1931年東京市生れ。日本電電公社を経て、日本ホームインプルーブメント研究所設立に参加し、現在、所長。ＮＨＫ教育ＴＶ「家庭大工入門」（42本）の企画・制作、朝日他各紙をはじめ住宅情報誌・インテリア関係専門誌に数多く執筆。また、国民生活センター「くらしの豆知識」の住まいのメンテナンスの執筆、各地消費者センター・生活学校などの「奥様に出来る住まいの手入れ講座」講師を勤める。各地に“住まいと環境を良くする”運動を展開中。ヨーロッパ各国のDIY・インテリアの視察およびシンポジウムの参加など交流は25年に及ぶ。また江戸職人国際交流協会を設立し、現在、理事長。

フランスを中心に日本江戸職人の技術と文化を紹介。また、南フランスの7都市に桜の苗木2000本を寄贈し「さくらロード」が生まれており、現地職人との交流を計画中。財団法人日本余暇文化振興会楽修の森クリエイティブアドバイザー、財団法人松山バレエ団参与、IMFTOKYO代表、住まいと環境を良くする会顧問、日本けん玉協会参与、日本感性教育学会会員。パリクラブ会員。

主要著書として、「住まいのメンテナンス百科」。

竹林　征三（たけばやし　せいぞう）
1943年兵庫県生れ。京都大学工学部土木工学科卒業、同大学院修士。建設省入省、建設省土木研究所ダム部長、環境部長、地質官を経て、現在、財団法人土木研究センター風土工学研究所長。工学博士。技術士。風土工学を構築し、提唱している。また、各種土木事業にその展開を図ってきている。風土工学に関する博士論文が年間優秀博士論文として前田工学賞を受賞。風土工学の講演普及啓発活動に対し、第１回科学技術普及啓発功績者として科学技術長官賞を受賞。
日本感性工学会参与、同会風土工学研究部会部会長、歴史文化学会理事、日本感性教育学会評議員、土木学会岩盤力学委員会委員。日本ダム工学会設立評議員。
主要著書として、「ダムのはなし」、「風土工学序説」(技報堂出版)、「東洋の知恵の環境学」(ビジネス社)、「湖水の文化史」全５巻、「実務者のための建設環境技術」(山海堂)、「景観十年、風景百年、風土千年」（蒼洋社）など多数。

職人と匠
－ものづくりの知恵と文化

定価はカバーに表示してあります

2000年３月24日　１版１刷発行

ISBN 4-7655-4224-6 C0070

著　者　金　子　量　重
　　　　丹　野　　　稔
　　　　竹　林　征　三
発行者　長　　　祥　隆
発行所　技報堂出版株式会社
〒102-0075　東京都千代田区三番町8-7
（第25興和ビル）
電　話　営業　(03)(5215) 3 1 6 5
　　　　編集　(03)(5215) 3161～2
FAX　(03)(5215) 3 2 3 3
振替口座　00140-4-10

日本書籍出版協会会員
自然科学書協会会員
工学書協会会員
土木・建築書協会会員

Printed in Japan

製本　鈴木製本
装幀　海保　透　　印刷　東京印刷センター